EINMACHEN UND KONSERVIEREN 2022

100 REZEPTE IN DIESEM KOCHBUCH, WIE MAN LEBENSMITTEL EINMACHT UND KONSERVIERT: FLEISCH, GEMÜSE UND OBST.

ARON HUBER

Alle Rechte vorbehalten.

Haftungsausschluss

Die in diesem eBook enthaltenen Informationen sollen als umfassende Sammlung von Strategien dienen, über die der Autor dieses eBooks recherchiert hat. Zusammenfassungen, Strategien, Tipps und Tricks sind nur Empfehlungen des Autors, und das Lesen dieses eBooks garantiert nicht, dass die Ergebnisse genau die Ergebnisse des Autors widerspiegeln. Der Autor des eBooks hat alle zumutbaren Anstrengungen unternommen, um den Lesern des eBooks aktuelle und genaue Informationen bereitzustellen. Der Autor und seine Mitarbeiter haften nicht für unbeabsichtigte Fehler oder Auslassungen, die möglicherweise gefunden werden. Das Material im eBook kann Informationen von Dritten enthalten. Materialien von Drittanbietern enthalten Meinungen, die von ihren Eigentümern geäußert wurden. Daher übernimmt der Autor des eBooks keine Verantwortung oder Haftung für Materialien oder Meinungen Dritter.

Das eBook ist urheberrechtlich geschützt © 2022 mit allen Rechten vorbehalten. Es ist illegal, dieses eBook ganz oder teilweise weiterzugeben, zu kopieren oder abgeleitete Werke daraus zu erstellen. Kein Teil dieses Berichts darf ohne die schriftliche ausdrückliche und unterzeichnete Genehmigung des Autors in irgendeiner Form reproduziert oder erneut übertragen werden.

INHALTSVERZEICHNIS

INHALTSVERZEICHNIS...5

EINLEITUNG..9

OBST & OBSTPRODUKTE..11

    1. Apfelbutter..12

    2. Gewürzte Apfelringe...15

    3. Gewürzte Holzäpfel..18

    4. Cantaloupe-Gurken...21

    5. Cranberry-Orangen-Chutney.......................................25

    6. Mango-Chutney...28

    7. Mangosauce..31

    8. Gemischter Fruchtcocktail..34

    9. Zucchini-Ananas...37

    10. Scharfe Cranberry-Salsa...40

    11. Mango Salsa..43

    12. Pfirsich-Apfel-Salsa..46

FÜLLUNGEN..51

    13. Hackfleischkuchenfüllung..52

    14. Füllung aus grünem Tomatenkuchen.......................55

TOMATEN & TOMATENPRODUKTE..58

    15. Spaghettisauce ohne Fleisch.....................................59

    16. Spaghettisauce mit Fleisch.......................................63

    17. mexikanische Tomatensauce....................................67

    18. hot Sosse..70

    19. Cayennepfeffersauce..73

    20. Tomaten-Ketchup...76

    21. Country-Western-Ketchup..80

22. Mixer-Ketchup 83
23. Scharfe Tomaten-Pfeffer-Sauce 87
24. Chile-Salsa 90
25. Grüne Tomatillo-Salsa 93
26. Tomatenmark-Salsa 96
27. Tomatensalsa 99
28. Tomaten-Chili-Salsa 102
29. Tomaten-Taco-Sauce 105
30. Chile con carne 108

GEMÜSE & GEMÜSEPRODUKTE 111

31. Gemischtes Gemüse 112
32. Succotash 115

FERMENTIERTES & EINGELEGTES GEMÜSE 118

33. Dillgurken 119
34. Sauerkraut 123
35. Brot-und-Butter-Gurken 127
36. Dillgurken frisch verpackt 130
37. Süsse Gurkengurken 133
38. 14 Tage süsse Gurken 137
39. Schnelle süsse Gurken 140
40. Eingelegter Spargel 144
41. Eingelegte Dillbohnen 147
42. Eingelegter Drei-Bohnen-Salat 150
43. Eingelegte Rüben 154
44. Eingelegte Karotten 158
45. Eingelegter Blumenkohl/Brüssel 161
46. Chayote und Jicama Slaw 164
47. In Brot und Butter eingelegter Jicama 167
48. Marinierte ganze Champignons 170
49. Eingelegter dillierter Okra 173
50. Eingelegte Perlzwiebeln 176
51. Marinierte Paprika 179

52. Eingelegte Paprika...183
53. Eingelegte Peperoni..186
54. Eingelegte Jalapeño-Pfefferringe......................190
55. Eingelegte gelbe Paprikaringe...........................194
56. Eingelegte süsse grüne Tomaten.......................197
57. Eingelegtes gemischtes Gemüse.......................200
58. Eingelegtes Brot-und-Butter-Zucchini..................204
59. Chayote und Birnen-Relish.................................207
60. Piccalilli..211
61. Gurken-Geschmack..214
62. Eingelegtes Maisrelish.......................................217
63. Eingelegtes grünes Tomatenrelish....................221
64. Eingelegte Meerrettichsauce.............................224
65. Eingelegter Pfeffer-Zwiebel-Relish...................227
66. Würziger Jicama-Relish....................................230
67. Würziger Tomatillo-Relish.................................234
68. Ohne Zuckerzusatz eingelegte Rüben................237
69. Süsse Essiggurke..241
70. Sverlauste Dillgurken..245
71. Sverlauste süsse Gurken...................................248

KONFITÜREN UND GELEES...252

72. Apfelmarmelade...253
73. Erdbeer-Rhabarber-Gelee..................................256
74. Blaubeer-Gewürz-Marmelade............................259
75. Trauben-Pflaumen-Gelee...................................262
76. Gelee aus goldenem Pfeffer..............................265
77. Pfirsich-Ananas-Aufstrich..................................268
78. Gekühlter Apfelaufstrich...................................271
79. Kühlschrank-Traubenaufstrich..........................274
80. Apfelgelee ohne Pektinzusatz...........................277
81. Apfelmarmelade ohne Pektinzusatz..................280
82. Brombeergelee ohne Pektinzusatz....................283
83. Kirschgelee mit Pektinpulver............................286

84. Kirschmarmelade mit Pektinpulver..........289
85. Feigenmarmelade mit flüssigem Pektin..........292
86. Traubengelee mit Pektinpulver..........295
87. Minz-Ananas-Marmelade mit flüssigem Pektin..........298
88. Gemischtes Fruchtgelee mit flüssigem Pektin..........301
89. Orangengelee..........305
90. Gewürztes Orangengelee..........308
91. Orangenmarmelade..........311
92. Aprikosen-Orangen-Konfitüre..........314
93. Pfirsichmarmelade mit Pektinpulver..........317
94. Gewürzte Blaubeer-Pfirsich-Marmelade..........320
95. Pfirsich-Orangen-Marmelade..........323
96. Ananasmarmelade mit flüssigem Pektin..........326
97. Pflaumengelee mit flüssigem Pektin..........329
98. Quittengelee ohne Pektinzusatz..........332
99. Erdbeermarmelade mit Pektinpulver..........335
100. Tutti-Frutti-Marmelade..........338

FAZIT..........**341**

EINLEITUNG

Die Heimkonservierung hat sich in den 180 Jahren seit ihrer Einführung zur Konservierung von Lebensmitteln stark verändert. Wissenschaftler haben Wege gefunden, sicherere und qualitativ hochwertigere Produkte herzustellen. Der erste Teil dieser Veröffentlichung erklärt die wissenschaftlichen Prinzipien, auf denen die Konserventechniken basieren, diskutiert Konservenausrüstung und beschreibt die richtige Verwendung von Gläsern und Deckeln. Es beschreibt grundlegende Zutaten und Verfahren für die Konservenherstellung und deren Verwendung, um sichere, qualitativ hochwertige Konservenprodukte zu erhalten. Schließlich hilft es Ihnen zu entscheiden, ob und wie viel Sie können.

Der zweite Teil dieser Veröffentlichung ist eine Reihe von Konservenleitfäden für bestimmte Lebensmittel. Diese Anleitungen bieten detaillierte Anweisungen zur

Herstellung von Zuckersirupen; und zum Konservieren von Obst und Fruchtprodukten, Tomaten und Tomatenprodukten, Gemüse, rotem Fleisch, Geflügel, Meeresfrüchten und Pickles und Relishes. Praktische Richtlinien für die Auswahl der richtigen Mengen und Qualität von Rohkost begleiten jede Anleitung für Obst, Tomaten und Gemüse. Die meisten Rezepte sind so konzipiert, dass sie eine volle Dosenfüllung von Pints oder Quarts ergeben. Schließlich werden für jedes Lebensmittel Verarbeitungsanpassungen für Höhen über dem Meeresspiegel angegeben.

OBST & OBSTPRODUKTE

1. Apfelbutter

Zutaten:

- 8 Pfund Äpfel
- 2 Tassen Apfelwein
- 2 Tassen Essig
- 2-1/4 Tassen weißer Zucker
- 2-1/4 Tassen verpackter brauner Zucker
- 2 Esslöffel gemahlener Zimt
- 1 Esslöffel gemahlene Nelken

Ausbeute: Ungefähr 8 bis 9 Pints

Richtungen:

a) Früchte waschen, Stiele entfernen, vierteln und entkernen. In Apfelwein und Essig langsam kochen, bis sie weich sind. Drücken Sie Obst durch ein Sieb, eine Lebensmittelmühle oder ein Sieb. Fruchtmark mit Zucker und Gewürzen unter häufigem Rühren kochen.

b) Um den Gargrad zu testen, nehmen Sie einen Löffel heraus und halten Sie ihn 2 Minuten lang vom Dampf fern. Es ist fertig, wenn die Butter auf dem Löffel aufgehäuft bleibt. Eine andere Möglichkeit, um festzustellen, wann die Butter ausreichend gekocht ist, besteht darin, eine kleine Menge auf einen Teller zu löffeln. Wenn sich am Rand der Butter kein Flüssigkeitsrand absetzt, ist sie bereit zum Einmachen. Heiß in sterile Half-Pint- oder Pint-Gläser füllen und dabei 1/4-Zoll-Kopfraum lassen.

c) Wischen Sie die Ränder der Gläser mit einem feuchten, sauberen Papiertuch ab. Deckel anpassen und verarbeiten.

2. Gewürzte Apfelringe

Zutaten:

- 12 Pfund feste säuerliche Äpfel (maximaler Durchmesser 2-1 / 2 Zoll)
- 12 Tassen Zucker
- 6 Tassen Wasser
- 1-1/4 Tassen weißer Essig (5%)
- 3 Esslöffel ganze Nelken
- 3/4 Tasse glühende Zimtbonbons oder
- 8 Zimtstangen und
- 1 Teelöffel rote Lebensmittelfarbe (optional)

Ausbeute: Ungefähr 8 bis 9 Pints

Richtungen:

a) Äpfel waschen. Um Verfärbungen zu vermeiden, einen Apfel nach dem anderen schälen und in Scheiben schneiden. Sofort quer in 1/2-Zoll-

Scheiben schneiden, Kernbereich mit einer Melonenkugel entfernen und in Ascorbinsäurelösung eintauchen.

b) Um aromatisierten Sirup herzustellen, vermische Zucker, Wasser, Essig, Nelken, Zimtbonbons oder Zimtstangen und Lebensmittelfarbe in einem 6-qt-Topf. Umrühren, zum Kochen bringen und 3 Minuten köcheln lassen.

c) Äpfel abgießen, zu heißem Sirup geben und 5 Minuten kochen lassen. Füllen Sie heiße Gläser (vorzugsweise Weithals) mit Apfelringen und heißem aromatisiertem Sirup und lassen Sie 1/2-Zoll-Kopfraum.

d) Entfernen Sie Luftblasen und passen Sie den Kopfraum bei Bedarf an. Wischen Sie die Ränder der Gläser mit einem feuchten, sauberen Papiertuch ab.

e) Deckel anpassen und verarbeiten.

3. Gewürzte Holzäpfel

Zutaten:

- 5 Pfund Holzäpfel
- 4-1/2 Tassen Apfelessig (5%)
- 3-4 Tassen Wasser
- 7-1/2 Tassen Zucker
- 4 Teelöffel ganze Nelken
- 4 Stangen Zimt
- Sechs 1/2-Zoll-Würfel frischer Ingwerwurzel

Ausbeute: Ungefähr 9 Pints

Richtungen:

a) Blütenblätter entfernen und Äpfel waschen, aber Stiele anhängen lassen. Die Schale jedes Apfels viermal mit einem Eispickel oder Zahnstocher einstechen. Essig, Wasser und Zucker mischen und zum Kochen bringen.

b) Fügen Sie Gewürze hinzu, die in einem Gewürzbeutel oder einem Käsetuch gebunden sind. Tauchen Sie mit einem Blanchierkorb oder Sieb jeweils 1/3 der Äpfel 2 Minuten lang in die kochende Essig-/Siruplösung. Legen Sie gekochte Äpfel und Gewürzbeutel in einen sauberen 1- oder 2-Gallonen-Topf und fügen Sie heißen Sirup hinzu.

c) Abdecken und über Nacht stehen lassen. Entfernen Sie den Gewürzbeutel, lassen Sie den Sirup in einen großen Topf abtropfen und erhitzen Sie ihn erneut. Füllen Sie heiße Pint-Gläser mit Äpfeln und heißem Sirup und lassen Sie 1/2-Zoll-Kopfraum. Entfernen Sie Luftblasen und passen Sie den Kopfraum bei Bedarf an.

d) Wischen Sie die Ränder der Gläser mit einem feuchten, sauberen Papiertuch ab. Deckel anpassen und verarbeiten.

4. Cantaloupe-Gurken

Zutaten:

- 5 Pfund 1-Zoll-Melonenwürfel
- 1 Teelöffel zerdrückte Paprikaflocken
- 2 1-Zoll-Zimtstangen
- 2 Teelöffel gemahlene Nelken
- 1 Teelöffel gemahlener Ingwer
- 4-1/2 Tassen Apfelessig (5%)
- 2 Tassen Wasser
- 1-1/2 Tassen weißer Zucker
- 1-1/2 Tassen verpackter hellbrauner Zucker

Ausbeute: Ungefähr 4 Pint-Gläser

Richtungen:

Tag eins:

a) Melone waschen und halbieren; Samen entfernen. In 1-Zoll-Scheiben schneiden und schälen. Fleischstreifen in 1-Zoll-Würfel schneiden.

b) 5 Pfund Stücke abwiegen und in eine große Glasschüssel geben. Paprikaflocken, Zimtstangen, Nelken und Ingwer in einen Gewürzbeutel geben und die Enden fest zubinden.

c) Kombinieren Sie Essig und Wasser in einem 4-Liter-Suppentopf. Zum Kochen bringen, dann die Hitze ausschalten. Gewürzbeutel in die Essig-Wasser-Mischung geben und 5 Minuten ziehen lassen, dabei gelegentlich umrühren. Die Melonenstücke in der Schüssel mit heißer Essiglösung und Gewürzbeutel übergießen. Mit einem lebensmittelechten Plastikdeckel abdecken oder einwickeln und über Nacht im Kühlschrank stehen lassen (ca. 18 Stunden).

Tag zwei:

d) Gießen Sie die Essiglösung vorsichtig in einen großen 8- bis 10-Liter-Topf und bringen Sie sie zum Kochen. Zucker hinzufügen; rühren, um sich aufzulösen. Melone zugeben und wieder aufkochen.

Senken Sie die Hitze und köcheln Sie, bis die Cantaloupe-Stücke durchscheinend werden (ca. 1 bis 1-1/4 Stunden). Die Cantaloupe-Stücke in einen mittelgroßen Suppentopf geben, abdecken und beiseite stellen.

e) Restliche Flüssigkeit zum Kochen bringen und weitere 5 Minuten kochen lassen. Melone wieder in den flüssigen Sirup geben und zum Kochen bringen. Füllen Sie heiße Cantaloupe-Stücke mit einem Schaumlöffel in heiße Pint-Gläser und lassen Sie 1-Zoll-Kopfraum. Mit kochend heißem Sirup bedecken und 1/2-Zoll-Kopfraum lassen.

f) Entfernen Sie Luftblasen und passen Sie den Kopfraum bei Bedarf an. Wischen Sie die Ränder der Gläser mit einem feuchten, sauberen Papiertuch ab. Deckel anpassen und verarbeiten.

5. Cranberry-Orangen-Chutney

Zutaten:

- 24 Unzen frische ganze Preiselbeeren
- 2 Tassen gehackte weiße Zwiebel
- 2 Tassen goldene Rosinen
- 1-1/2 Tassen weißer Zucker
- 1-1/2 Tassen verpackter brauner Zucker
- 2 Tassen weißer destillierter Essig (5%)
- 1 Tasse Orangensaft
- 4 Teelöffel geschälter, geriebener frischer Ingwer
- 3 Stangen Zimt

Ausbeute: Ungefähr 8 halbe Pint-Gläser

Richtungen:

a) Preiselbeeren gut abspülen. Alle Zutaten in einem großen Dutch Oven vermischen. Bei starker Hitze zum Kochen bringen; Hitze reduzieren und 15 Minuten leicht köcheln lassen, bis die Preiselbeeren weich sind. Rühren Sie häufig um, um ein Anbrennen zu vermeiden.

b) Zimtstangen entfernen und entsorgen. Füllen Sie das heiße Chutney in heiße Half-Pint-Gläser und lassen Sie 1/2-Zoll-Kopfraum.

c) Entfernen Sie Luftblasen und passen Sie den Kopfraum bei Bedarf an. Wischen Sie die Ränder der Gläser mit einem feuchten, sauberen Papiertuch ab. Deckel anpassen und verarbeiten.

6. Mango-Chutney

Zutaten:

- 11 Tassen oder 4 Pfund gehackte unreife Mango
- 2-1/2 Tassen gehackte gelbe Zwiebel
- 2-1/2 Esslöffel geriebener frischer Ingwer
- 1-1/2 Esslöffel gehackter frischer Knoblauch
- 4-1/2 Tassen Zucker
- 3 Tassen weißer destillierter Essig (5%)
- 2-1/2 Tassen goldene Rosinen
- 1-1 Teelöffel Kochsalz
- 4 Teelöffel Chilipulver

Ausbeute: Ungefähr 6 Pint-Gläser

Richtungen:

a) Alle Produkte gut waschen. Mangos schälen, entkernen und in 3/4-Zoll-

Würfel schneiden. Mangowürfel in der Küchenmaschine hacken, mit 6 Ein-Sekunden-Impulsen pro Küchenmaschine-Charge. (Nicht zu fein pürieren oder hacken.)

b) Von Hand Zwiebel schälen und würfeln, Knoblauch hacken und Ingwer reiben. Mischen Sie Zucker und Essig in einem 8 bis 10 Liter Suppentopf. Zum Kochen bringen und 5 Minuten kochen. Alle anderen Zutaten dazugeben und wieder aufkochen.

c) Hitze reduzieren und 25 Minuten köcheln lassen, dabei gelegentlich umrühren. Füllen Sie heißes Chutney in heiße Pint- oder Half-Pint-Gläser und lassen Sie 1/2-Zoll-Kopfraum. Entfernen Sie Luftblasen und passen Sie den Kopfraum bei Bedarf an.

d) Wischen Sie die Ränder der Gläser mit einem feuchten, sauberen Papiertuch ab. Deckel anpassen und verarbeiten.

7. Mangosauce

Zutaten:

- 5-1/2 Tassen oder 3-1/4 Pfund Mangopüree
- 6 Esslöffel Honig
- 4 Esslöffel Zitronensaft in Flaschen
- 3/4 Tasse Zucker
- 2-1/2 Teelöffel (7500 Milligramm) Ascorbinsäure
- 1/8 Teelöffel gemahlener Zimt
- 1/8 Teelöffel gemahlene Muskatnuss

Ausbeute: Ungefähr 6 halbe Pint-Gläser

Richtungen:

a) Mangofleisch waschen, schälen und vom Kern trennen. Das Fruchtfleisch der Mango in Stücke schneiden und in einem Mixer oder einer Küchenmaschine zu einem glatten Püree pürieren.

b) Kombinieren Sie alle Zutaten in einem 6- bis 8-Quart-Dutch-Ofen oder Suppentopf und erhitzen Sie bei mittlerer bis hoher Hitze unter ständigem Rühren, bis die Mischung 200 °F erreicht.

c) Die Mischung wird beim Erhitzen spritzen, also trage Handschuhe oder Topflappen, um ein Verbrennen der Haut zu vermeiden. Füllen Sie heiße Soße in heiße halbe Pint-Gläser und lassen Sie 1/4-Zoll-Kopfraum.

d) Entfernen Sie Luftblasen und passen Sie den Kopfraum bei Bedarf an. Wischen Sie die Ränder der Gläser mit einem feuchten, sauberen Papiertuch ab. Deckel anpassen und verarbeiten.

8. Gemischter Fruchtcocktail

Zutaten:

- 3 Pfund Pfirsiche
- 3 Pfund Birnen
- 1-1/2 lbs leicht unterreife kernlose grüne Traube
- 10-oz-Glas Maraschino-Kirschen
- 3 Tassen Zucker
- 4 Tassen Wasser

Ausbeute: Ungefähr 6 Pints

Richtungen:

a) Weintrauben entstielen und waschen und in Ascorbinsäurelösung aufbewahren.

b) Tauchen Sie reife, aber feste Pfirsiche nacheinander 1 bis 1-1/2 Minuten in kochendes Wasser, um die Haut zu lösen.

c) In kaltes Wasser tauchen und die Haut abziehen. Halbieren, Kerne entfernen, in

1/2-Zoll-Würfel schneiden und mit Trauben in Lösung halten. Birnen schälen, halbieren und entkernen.

d) In 1/2-Zoll-Würfel schneiden und mit Trauben und Pfirsichen in Lösung halten.

e) Zucker und Wasser in einen Topf geben und aufkochen. Mischobst abtropfen lassen. Gib 1/2 Tasse heißen Sirup in jedes heiße Glas.

f) Dann fügen Sie ein paar Kirschen hinzu und füllen Sie das Glas vorsichtig mit gemischtem Obst und mehr heißem Sirup, wobei Sie 1/2-Zoll-Kopfraum lassen.

g) Entfernen Sie Luftblasen und passen Sie den Kopfraum bei Bedarf an. Wischen Sie die Ränder der Gläser mit einem feuchten, sauberen Papiertuch ab.

h) Deckel anpassen und verarbeiten.

9. Zucchini-Ananas

Zutaten:

- 4 Liter gewürfelte oder zerkleinerte Zucchini
- 46 Unzen ungesüßter Ananassaft in Dosen
- 1-1/2 Tassen Zitronensaft in Flaschen
- 3 Tassen Zucker

Ausbeute: Ungefähr 8 bis 9 Pints

Richtungen:

a) Zucchini schälen und entweder in 1/2-Zoll-Würfel schneiden oder zerkleinern. Zucchini mit anderen Zutaten in einem großen Topf mischen und aufkochen. 20 Minuten köcheln lassen.

b) Füllen Sie heiße Gläser mit heißer Mischung und Kochflüssigkeit und lassen Sie 1/2-Zoll-Kopfraum. Entfernen Sie Luftblasen und passen Sie den Kopfraum bei Bedarf an. Wischen Sie die Ränder

der Gläser mit einem feuchten, sauberen Papiertuch ab. Deckel anpassen und verarbeiten.

10. Scharfe Cranberry-Salsa

Zutaten:

- 6 Tassen gehackte rote Zwiebel
- 4 gehackte große Serrano-Paprika
- 1-1/2 Tassen Wasser
- 1-1/2 Tassen Apfelessig (5%)
- 1 Esslöffel Kochsalz
- 1-1/3 Tassen Zucker
- 6 Esslöffel Kleehonig
- 12 Tassen (2-3/4 lbs) gespülte, frische ganze Preiselbeeren

Ausbeute: Ungefähr 6 Pint-Gläser

Richtungen:

a) Alle Zutaten außer Preiselbeeren in einem großen Schmortopf mischen. Bei starker Hitze zum Kochen bringen; Hitze leicht reduzieren und 5 Minuten leicht kochen lassen.

b) Preiselbeeren hinzufügen, Hitze leicht reduzieren und die Mischung 20 Minuten köcheln lassen, dabei gelegentlich umrühren, um ein Anbrennen zu vermeiden. Füllen Sie die heiße Mischung in heiße Pint-Gläser und lassen Sie 1/4-Zoll-Kopfraum. Lassen Sie den Topf bei schwacher Hitze, während Sie die Gläser füllen.

c) Entfernen Sie Luftblasen und passen Sie den Kopfraum bei Bedarf an. Wischen Sie die Ränder der Gläser mit einem feuchten, sauberen Papiertuch ab. Deckel anpassen und verarbeiten.

11. Mango Salsa

Zutaten:

- 6 Tassen gewürfelte unreife Mango
- 1-1/2 Tassen gewürfelte rote Paprika
- 1/2 Tasse gehackte gelbe Zwiebel
- 1/2 Teelöffel zerdrückte Paprikaflocken
- 2 Teelöffel gehackter Knoblauch
- 2 Teelöffel gehackter Ingwer
- 1 Tasse hellbrauner Zucker
- 1-1/4 Tassen Apfelessig (5%)
- 1/2 Tasse Wasser

Ausbeute: Ungefähr 6 halbe Pint-Gläser

Richtungen:

a) Alle Produkte gut waschen. Mango schälen und in 1/2-Zoll-Würfel schneiden. Paprika in 1/2-Zoll-Stücke würfeln. Gelbe Zwiebeln hacken.

b) Kombinieren Sie alle Zutaten in einem 8-Quart-Dutch-Ofen oder Suppentopf. Bei starker Hitze zum Kochen bringen, dabei umrühren, um den Zucker aufzulösen.

c) Auf simmernd reduzieren und 5 Minuten köcheln lassen. Füllen Sie heiße Feststoffe in heiße Half-Pint-Gläser und lassen Sie 1/2-Zoll-Kopfraum. Mit heißer Flüssigkeit bedecken und 1/2-Zoll-Kopfraum lassen.

d) Entfernen Sie Luftblasen und passen Sie den Kopfraum bei Bedarf an. Wischen Sie die Ränder der Gläser mit einem feuchten, sauberen Papiertuch ab. Deckel anpassen und verarbeiten.

12. Pfirsich-Apfel-Salsa

Zutaten:

- 6 Tassen gehackte Roma-Tomaten
- 2-1/2 Tassen gewürfelte gelbe Zwiebeln
- 2 Tassen gehackte grüne Paprika
- 10 Tassen gehackte harte, unreife Pfirsiche
- 2 Tassen gehackte Granny-Smith-Äpfel
- 4 Esslöffel gemischtes Beizgewürz
- 1 Esslöffel Kochsalz
- 2 Teelöffel zerdrückte Paprikaflocken
- 3-3/4 Tassen (1-1/4 Pfund) verpackter hellbrauner Zucker
- 2-1/4 Tassen Apfelessig (5%)

Ausbeute: Ungefähr 7 Pint-Gläser

Richtungen:

a) Legen Sie das Beizgewürz auf ein sauberes, doppellagiges, 15 cm² großes Stück 100% Käsetuch. Bringen Sie die Ecken zusammen und binden Sie sie mit einer sauberen Schnur zusammen. (Oder verwenden Sie einen gekauften Musselin-Gewürzbeutel).

b) Tomaten waschen und schälen (gewaschene Tomaten 1 Minute in kochendes Wasser legen, sofort in kaltes Wasser legen und die Haut abziehen).

c) In 1/2-Zoll-Stücke schneiden. Zwiebeln schälen, waschen und in 1/4-Zoll-Stücke würfeln. Paprika waschen, entkernen und entkernen; in 1/4-Zoll-Stücke hacken.

d) Kombinieren Sie gehackte Tomaten, Zwiebeln und Paprika in einem 8- oder 10-Quart-Dutch-Ofen oder Topf. Pfirsiche waschen, schälen und entkernen; halbieren und 10 Minuten in einer Ascorbinsäurelösung (1500 mg in einer halben Gallone Wasser) einweichen.

e) Äpfel waschen, schälen und entkernen; halbieren und 10 Minuten in Ascorbinsäurelösung einweichen.

f) Schneiden Sie Pfirsiche und Äpfel schnell in 1/2-Zoll-Würfel, um eine Bräunung zu vermeiden. Gehackte Pfirsiche und Äpfel zum Gemüse in den Topf geben. Fügen Sie den Beizgewürzbeutel in den Topf hinzu; Salz, Paprikaflocken, braunen Zucker und Essig einrühren.

g) Zum Kochen bringen und vorsichtig umrühren, um die Zutaten zu vermischen. Hitze reduzieren und 30 Minuten köcheln lassen, dabei gelegentlich umrühren. Gewürzbeutel aus der Pfanne nehmen und entsorgen. Füllen Sie mit einem Schaumlöffel Salsa-Feststoffe in heiße Pint-Gläser und lassen Sie einen Kopfraum von 1-1/4 Zoll (etwa 3/4 Pfund Feststoffe in jedem Glas).

h) Mit Kochflüssigkeit bedecken und 1/2-Zoll-Kopfraum lassen.

i) Entfernen Sie Luftblasen und passen Sie den Kopfraum bei Bedarf an. Wischen Sie die Ränder der Gläser mit einem feuchten, sauberen Papiertuch ab. Deckel anpassen und verarbeiten.

FÜLLUNGEN

13. Hackfleischkuchenfüllung

Zutaten:

- 2 Tassen gehackter Talg
- 4 Pfund Rinderhackfleisch oder 4 Pfund Wildbret und 1 Pfund Wurst
- 5 Liter gehackte Äpfel
- 2 Pfund dunkle kernlose Rosinen
- 1 Pfund weiße Rosinen
- 2 Liter Apfelwein
- 2 Esslöffel gemahlener Zimt
- 2 Teelöffel gemahlene Muskatnuss
- 5 Tassen Zucker
- 2 Esslöffel Salz

Ausbeute: Ungefähr 7 Liter

Richtungen:

a) Fleisch und Talg in Wasser garen, damit es nicht braun wird. Äpfel schälen, entkernen und vierteln. Fleisch, Talg und Äpfel mit einer mittelgroßen Klinge durch den Fleischwolf geben.

b) Alle Zutaten in einen großen Topf geben und 1 Stunde köcheln lassen, bis sie leicht eingedickt sind. Rühren Sie oft.

c) Füllen Sie heiße Gläser ohne Verzögerung mit der Mischung und lassen Sie 1-Zoll-Kopfraum.

d) Entfernen Sie Luftblasen und passen Sie den Kopfraum bei Bedarf an. Wischen Sie die Ränder der Gläser mit einem feuchten, sauberen Papiertuch ab.

e) Deckel anpassen und verarbeiten.

14. Füllung aus grünem Tomatenkuchen

Zutaten:

- 4 Liter gehackte grüne Tomaten
- 3 Liter geschälte und gehackte säuerliche Äpfel
- 1 Pfund dunkle kernlose Rosinen
- 1 Pfund weiße Rosinen
- 1/4 Tasse gehackte Zitrone, Zitrone oder Orangenschale
- 2 Tassen Wasser
- 2-1/2 Tassen brauner Zucker
- 2-1/2 Tassen weißer Zucker
- 1/2 Tasse Essig (5%)
- 1 Tasse Zitronensaft in Flaschen
- 2 Esslöffel gemahlener Zimt
- 1 Teelöffel gemahlene Muskatnuss
- 1 Teelöffel gemahlene Nelken

Ausbeute: Ungefähr 7 Liter

Richtungen:

a) Alle Zutaten in einen großen Topf geben. Unter häufigem Rühren langsam kochen, bis sie weich und leicht eingedickt sind (ca. 35 bis 40 Minuten).

b) Füllen Sie heiße Gläser mit heißer Mischung und lassen Sie 1/2-Zoll-Kopfraum.

c) Entfernen Sie Luftblasen und passen Sie den Kopfraum bei Bedarf an. Wischen Sie die Ränder der Gläser mit einem feuchten, sauberen Papiertuch ab.

d) Deckel anpassen und verarbeiten.

TOMATEN & TOMATENPRODUKTE

15. Spaghettisauce ohne Fleisch

Zutaten:

- 30 Pfund Tomaten
- 1 Tasse gehackte Zwiebeln
- 5 Knoblauchzehen, gehackt
- 1 Tasse gehackter Sellerie oder grüne Paprika
- 1 Pfund frische Champignons, in Scheiben geschnitten (optional)
- 4-1/2 Teelöffel Salz
- 2 Esslöffel Oregano
- 4 Esslöffel gehackte Petersilie
- 2 Teelöffel schwarzer Pfeffer
- 1/4 Tasse brauner Zucker
- 1/4 Tasse Pflanzenöl

Ausbeute: Ungefähr 9 Pints

Richtungen:

a) Den Anteil an Zwiebeln, Paprika oder Champignons nicht erhöhen. Tomaten waschen und 30 bis 60 Sekunden in kochendes Wasser tauchen oder bis sich die Haut spaltet. In kaltes Wasser tauchen und die Haut abziehen. Kerne entfernen und Tomaten vierteln.

b) 20 Minuten ohne Deckel in einem großen Topf kochen. Durch eine Lebensmittelmühle oder ein Sieb geben. Zwiebeln, Knoblauch, Sellerie oder Paprika und Champignons (falls gewünscht) in Pflanzenöl anbraten, bis sie weich sind.

c) Gebratenes Gemüse und Tomaten mischen und restliche Gewürze, Salz und Zucker hinzufügen. Zum Kochen bringen. Aufgedeckt köcheln lassen, bis sie dick genug zum Servieren sind.

d) Zu diesem Zeitpunkt wird das Ausgangsvolumen um fast die Hälfte reduziert sein. Häufig umrühren, um ein Anbrennen zu vermeiden. Füllen Sie heiße Gläser und lassen Sie 1-Zoll-Kopfraum.

e) Entfernen Sie Luftblasen und passen Sie den Kopfraum bei Bedarf an. Wischen Sie die Ränder der Gläser mit einem feuchten, sauberen Papiertuch ab.

f) Deckel anpassen und verarbeiten.

16. Spaghettisauce mit Fleisch

Zutaten:

- 30 Pfund Tomaten
- 2-1 / 2 Pfund Hackfleisch oder Wurst
- 5 Knoblauchzehen, gehackt
- 1 Tasse gehackte Zwiebeln
- 1 Tasse gehackter Sellerie oder grüne Paprika
- 1 Pfund frische Champignons, in Scheiben geschnitten (optional)
- 4-1/2 Teelöffel Salz
- 2 Esslöffel Oregano
- 4 Esslöffel gehackte Petersilie
- 2 Teelöffel schwarzer Pfeffer
- 1/4 Tasse brauner Zucker

Ausbeute: Ungefähr 9 Pints

Richtungen:

a) Um Tomaten zuzubereiten, folgen Sie den Anweisungen für Spaghettisauce ohne Fleisch.

b) Braten Sie Rindfleisch oder Wurst an, bis sie braun sind. Fügen Sie Knoblauch, Zwiebeln, Sellerie oder grüne Paprika und Pilze hinzu, falls gewünscht. Kochen, bis das Gemüse zart ist. Mit Tomatenmark in einem großen Topf mischen.

c) Gewürze, Salz und Zucker hinzufügen. Zum Kochen bringen. Aufgedeckt köcheln lassen, bis sie dick genug zum Servieren sind. Zu diesem Zeitpunkt wird das Anfangsvolumen um fast die Hälfte reduziert sein. Häufig umrühren, um ein Anbrennen zu vermeiden.

d) Füllen Sie heiße Gläser und lassen Sie 1-Zoll-Kopfraum.

e) Entfernen Sie Luftblasen und passen Sie den Kopfraum bei Bedarf an. Wischen

Sie die Ränder der Gläser mit einem feuchten, sauberen Papiertuch ab.

f) Deckel anpassen und verarbeiten.

17. mexikanische Tomatensauce

Zutaten:

- 2-1 / 2 bis 3 Pfund Chilischoten
- 18 Pfund Tomaten
- 3 Tassen gehackte Zwiebeln
- 1 Esslöffel Salz
- 1 Esslöffel Oregano
- 1/2 Tasse Essig

Ausbeute: Ungefähr 7 Liter

Richtungen:

a) Chilis waschen und trocknen. Jede Paprika an der Seite aufschlitzen, damit der Dampf entweichen kann.

b) Legen Sie die Paprika einige Minuten auf den Brenner, bis die Haut Blasen wirft.

c) Nachdem die Haut Blasen geschlagen hat, Paprika in eine Pfanne geben und mit einem feuchten Tuch abdecken. (Dies erleichtert das Schälen der Paprika.) Einige Minuten abkühlen lassen; Häute abziehen. Samen entsorgen und Paprika hacken.

d) Tomaten waschen und 30 bis 60 Sekunden in kochendes Wasser tauchen oder bis sich die Haut spaltet. In kaltes Wasser tauchen, Häute abziehen und Kerne entfernen.

e) Tomaten grob hacken und gehackte Paprika und die restlichen Zutaten in einem großen Topf mischen. Zum Kochen bringen. Abdeckung.

f) Hitze reduzieren und 10 Minuten köcheln lassen.

18. hot Soße

Zutaten:

- 1-1/2 Tassen entkernte, gehackte Serrano-Paprika
- 4 Tassen destillierter weißer Essig (5%)
- 2 Teelöffel Kochsalz
- 2 Esslöffel ganze gemischte Beizgewürze

Ausbeute: Ungefähr 4 halbe Pints

Richtungen:

a) Gewürzmischung in einen Gewürzbeutel geben und die Enden fest zubinden. Alle Zutaten in einem Dutch Oven oder einem großen Topf mischen. Zum Kochen bringen, dabei gelegentlich umrühren. Weitere 20 Minuten köcheln lassen, bis die Tomaten weich sind. Drücken Sie die Mischung durch eine Lebensmittelmühle.

b) Die Flüssigkeit in den Suppentopf zurückgeben, zum Kochen bringen und weitere 15 Minuten kochen.

c) Füllen Sie heiße Soße in heiße halbe Pint-Gläser und lassen Sie 1/4-Zoll-Kopfraum. Entfernen Sie Luftblasen und passen Sie den Kopfraum bei Bedarf an. Wischen Sie die Ränder der Gläser mit einem feuchten, sauberen Papiertuch ab.

d) Deckel anpassen und verarbeiten.

19. Cayennepfeffersauce

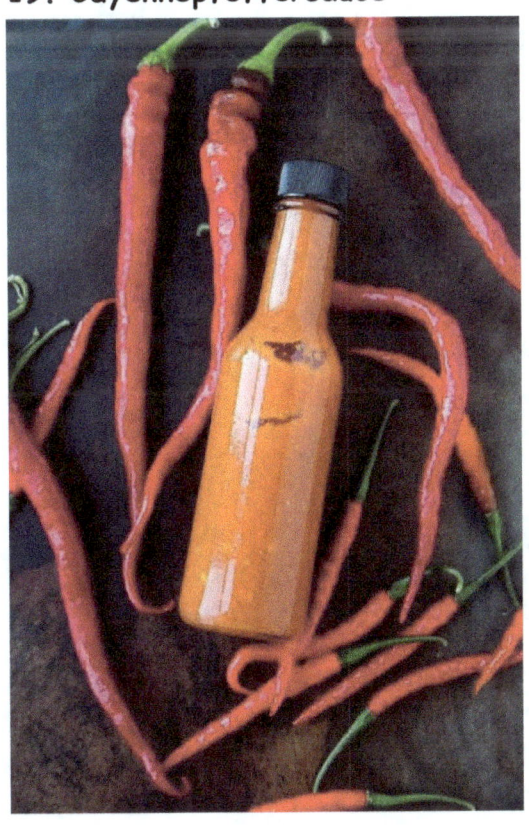

Zutaten:

- 3 Pfund Peperoni
- 1/3 Tasse gehackter Knoblauch
- 4 Tassen geschnittene Zwiebel
- 1/3 Tasse gehackter Koriander mit Stiel
- 3 Dosen (je 28 Unzen) gewürfelte Tomaten
- 3 Tassen Apfelessig (5%)
- 2-1/2 Tassen Wasser

Ausbeute: Ungefähr 5 Pints

Richtungen:

a) Paprika und Zwiebeln waschen, putzen und mit einem Mandolinenschneider oder einer Küchenmaschine in Ringe schneiden. In einem 10-Liter-Dutch-Ofen oder Suppentopf alle Zutaten vermischen. Zum Kochen bringen und 1 Stunde kochen. Hitze leicht reduzieren und 1 weitere Stunde köcheln lassen.

Hitze ausschalten und Mischung leicht abkühlen.

b) Gemüse in einem Mixer ca. 2 Minuten pro Mixercharge pürieren. Geben Sie die pürierte Mischung in den Suppentopf und bringen Sie sie vorsichtig zum Kochen. Hitze ausschalten.

c) Füllen Sie heiße Soße in heiße Pint-Gläser und lassen Sie 1/2-Zoll-Kopfraum. Entfernen Sie Luftblasen und passen Sie den Kopfraum bei Bedarf an. Wischen Sie die Ränder der Gläser mit einem feuchten, sauberen Papiertuch ab.

d) Deckel anpassen und verarbeiten.

20. Tomaten-Ketchup

Zutaten:

- 24 Pfund reife Tomaten
- 3 Tassen gehackte Zwiebeln
- 3/4 Teelöffel gemahlener roter Pfeffer (Cayennepfeffer)
- 3 Tassen Apfelessig (5%)
- 4 Teelöffel ganze Nelken
- 3 Stangen Zimt, zerstoßen
- 1-1/2 Teelöffel ganzer Piment
- 3 Esslöffel Selleriesamen
- 1-1/2 Tassen Zucker
- 1/4 Tasse Salz

Ausbeute: 6 bis 7 Pints

Richtungen:

a) Tomaten waschen. 30 bis 60 Sekunden in kochendes Wasser tauchen oder bis sich die Haut spaltet. In kaltes Wasser tauchen. Häute abziehen und Kerne entfernen. Tomaten in 4 Gallonen Suppentopf oder einen großen Wasserkocher vierteln. Zwiebeln und rote Paprika hinzufügen. Aufkochen und 20 Minuten ohne Deckel köcheln lassen. Abdecken, Hitze ausschalten und 20 Minuten stehen lassen.

b) Kombinieren Sie Gewürze in einem Gewürzbeutel und fügen Sie Essig in einem 2-Liter-Topf hinzu.

c) Zum Kochen bringen. Gewürzbeutel entfernen und Essig-Tomaten-Mischung mischen. Etwa 30 Minuten kochen. Gekochte Mischung durch eine Lebensmittelmühle oder ein Sieb geben. Zurück zum Topf.

d) Fügen Sie Zucker und Salz hinzu, kochen Sie vorsichtig und rühren Sie häufig, bis sich das Volumen um die Hälfte reduziert hat oder bis sich die Mischung ohne Trennung auf dem Löffel rundet. Füllen Sie heiße Pint-Gläser und lassen Sie 1/8-Zoll-Kopfraum.

e) Entfernen Sie Luftblasen und passen Sie den Kopfraum bei Bedarf an. Wischen Sie die Ränder der Gläser mit einem feuchten, sauberen Papiertuch ab.

f) Deckel anpassen und verarbeiten.

21. Country-Western-Ketchup

Zutaten:

- 24 Pfund reife Tomaten
- 5 Chilischoten, in Scheiben geschnitten und entkernt
- 1/4 Tasse Salz
- 2-2/3 Tassen Essig (5%)
- 1-1/4 Tassen Zucker
- 1/2 Teelöffel gemahlener roter Pfeffer (Cayennepfeffer)
- 4 Teelöffel Paprika
- 4 Teelöffel ganzer Piment
- 4 Teelöffel trockener Senf
- 1 Esslöffel ganze Pfefferkörner
- 1 Teelöffel Senfkörner
- 1 Esslöffel Lorbeerblätter

Ausbeute: 6 bis 7 Pints

Richtungen:

a) Befolgen Sie das Verfahren und die Verarbeitungszeit für normalen Tomatenketchup.

22. Mixer-Ketchup

Zutaten:

- 24 Pfund reife Tomaten
- 2 Pfund Zwiebeln
- 1 Pfund süße rote Paprika
- 1 Pfund süße grüne Paprika
- 9 Tassen Essig (5%)
- 9 Tassen Zucker
- 1/4 Tasse Konserven- oder Pökelsalz
- 3 Esslöffel trockener Senf
- 1-1/2 Esslöffel gemahlener roter Pfeffer
- 1-1/2 Teelöffel ganzer Piment
- 1-1/2 Esslöffel ganze Nelken
- 3 Stangen Zimt

Ausbeute: Ungefähr 9 Pints

Richtungen:

a) Tomaten waschen und 30 bis 60 Sekunden in kochendes Wasser tauchen oder bis sich die Haut spaltet. Dann in kaltes Wasser tauchen, Haut abziehen, entkernen und vierteln. Paprika entkernen und in Streifen schneiden. Zwiebeln schälen und vierteln.

b) Tomaten, Paprika und Zwiebeln bei hoher Geschwindigkeit 5 Sekunden lang in einem elektrischen Mixer pürieren. Gießen Sie in einen 3- bis 4-Gallonen-Brühentopf oder einen großen Wasserkocher und erhitzen Sie. 60 Minuten leicht kochen, dabei häufig umrühren. Füge Essig, Zucker, Salz und einen Gewürzbeutel mit trockenem Senf, rotem Pfeffer und anderen Gewürzen hinzu.

c) Kochen und rühren Sie weiter, bis das Volumen um die Hälfte reduziert ist und Ketchup auf einem Löffel aufrundet, ohne dass sich Flüssigkeit und Feststoffe trennen. Entfernen Sie den Gewürzbeutel und füllen Sie heiße

Gläser, wobei Sie 1/8-Zoll-Kopfraum lassen.

d) Entfernen Sie Luftblasen und passen Sie den Kopfraum bei Bedarf an. Wischen Sie die Ränder der Gläser mit einem feuchten, sauberen Papiertuch ab.

e) Passen Sie die Deckel an und befolgen Sie die Prozesszeiten für normalen Ketchup.

23. Scharfe Tomaten-Pfeffer-Sauce

Zutaten:

- 5 Pfund Tomaten
- 2 Pfund Chilischoten
- 1 Pfund Zwiebeln
- 1 Tasse Essig (5%)
- 3 Teelöffel Salz
- 1/2 Teelöffel Pfeffer

Ausbeute: Ungefähr 6 bis 8 Pints

Richtungen:

a) Tomaten waschen und 30 bis 60 Sekunden in kochendes Wasser tauchen oder bis sich die Haut spaltet. In kaltes Wasser tauchen, Häute abziehen und Kerne entfernen.

b) Tomaten grob hacken und mit gehackter Paprika, Zwiebeln und den restlichen Zutaten in einem großen Topf mischen. Zum Kochen bringen, Hitze reduzieren und 10 Minuten köcheln lassen. Füllen Sie heiße Gläser und lassen Sie 1/2-Zoll-Kopfraum.

c) Entfernen Sie Luftblasen und passen Sie den Kopfraum bei Bedarf an. Wischen Sie die Ränder der Gläser mit einem feuchten, sauberen Papiertuch ab.

d) Deckel anpassen und verarbeiten.

24. Chile-Salsa

Zutaten:

- 10 Tassen geschälte, entkernte, gehackte Tomaten
- 6 Tassen entkernte, gehackte Chilischoten
- 4 Tassen gehackte Zwiebeln
- 1 Tasse Essig (5%)
- 3 Teelöffel Salz
- 1/2 Teelöffel Pfeffer

Ausbeute: Ungefähr 7 bis 9 Pints

Richtungen:

a) Tomaten waschen und 30 bis 60 Sekunden in kochendes Wasser tauchen oder bis sich die Haut spaltet.

b) In kaltes Wasser tauchen, Häute abziehen und Kerne entfernen. Kombinieren Sie die Zutaten in einem großen Topf. Zum Kochen bringen und 10

Minuten köcheln lassen. Füllen Sie heiße Salsa in heiße Pint-Gläser und lassen Sie 1/2-Zoll-Kopfraum.

c) Entfernen Sie Luftblasen und passen Sie den Kopfraum bei Bedarf an. Wischen Sie die Ränder der Gläser mit einem feuchten, sauberen Papiertuch ab.

d) Deckel anpassen und verarbeiten.

25. Grüne Tomatillo-Salsa

Zutaten:

- 5 Tassen gehackte Tomaten
- 1-1/2 Tassen entkernte, gehackte lange grüne Chilis
- 1/2 Tasse entkernte, gehackte Jalapeño-Paprikaschoten
- 4 Tassen gehackte Zwiebeln
- 1 Tasse Zitronensaft in Flaschen
- 6 Knoblauchzehen, gehackt
- 1 Esslöffel gemahlener Kreuzkümmel (optional)
- 3 Esslöffel Oreganoblätter (optional)
- 1 Esslöffel Salz
- 1 Teelöffel schwarzer Pfeffer

Ausbeute: Ungefähr 5 Pints

Richtungen:

a) Alle Zutaten in einen großen Topf geben und bei starker Hitze häufig umrühren, bis die Mischung zu kochen beginnt, dann die Hitze reduzieren und 20 Minuten köcheln lassen, dabei gelegentlich umrühren.

b) Schöpfe heiße Salsa in heiße Pint-Gläser und lasse 1/2-Zoll-Kopfraum.

c) Entfernen Sie Luftblasen und passen Sie den Kopfraum bei Bedarf an. Wischen Sie die Ränder der Gläser mit einem feuchten, sauberen Papiertuch ab.

d) Deckel anpassen und verarbeiten.

26. Tomatenmark-Salsa

Zutaten:

- 7 Liter geschälte, entkernte, gehackte Tomaten
- 4 Tassen entkernte, gehackte lange grüne Chilis
- 5 Tassen gehackte Zwiebel
- 1/2 Tasse entkernte, gehackte Jalapeño-Paprikaschoten
- 6 Knoblauchzehen, gehackt
- 2 Tassen Zitronen- oder Limettensaft in Flaschen
- 2 Esslöffel Salz
- 1 Esslöffel schwarzer Pfeffer
- 2 Esslöffel gemahlener Kreuzkümmel (optional)
- 3 Esslöffel Oreganoblätter (optional)
- 2 Esslöffel frischer Koriander (optional)

Ausbeute: Ungefähr 16 bis 18 Pints

Richtungen:

a) Tomaten waschen und 30 bis 60 Sekunden in kochendes Wasser tauchen oder bis sich die Haut spaltet. In kaltes Wasser tauchen, Häute abziehen und Kerne entfernen.

b) Alle Zutaten außer Kreuzkümmel, Oregano und Koriander in einen großen Topf geben und unter häufigem Rühren aufkochen, dann die Hitze reduzieren und 10 Minuten köcheln lassen.

c) Gewürze hinzufügen und weitere 20 Minuten köcheln lassen, dabei gelegentlich umrühren. Füllen Sie heiße Salsa in heiße Pint-Gläser und lassen Sie 1/2-Zoll-Kopfraum.

d) Entfernen Sie Luftblasen und passen Sie den Kopfraum bei Bedarf an. Wischen Sie die Ränder der Gläser mit einem feuchten, sauberen Papiertuch ab.

e) Deckel anpassen und verarbeiten.

27. Tomatensalsa

Zutaten:

- 4 Tassen geschälte, entkernte, gehackte Tomaten
- 2 Tassen entkernte, gehackte lange grüne Chilis
- 1/2 Tasse entkernte, gehackte Jalapeño-Paprikaschoten
- 3/4 Tasse gehackte Zwiebel
- 4 Knoblauchzehen, gehackt
- 2 Tassen Essig (5%)
- 1 Teelöffel gemahlener Kreuzkümmel (optional)
- 1 Esslöffel Oreganoblätter (optional)
- 1 Esslöffel frischer Koriander (optional)
- 1-1/2 Teelöffel Salz

Ausbeute: Ungefähr 4 Pints

Richtungen:

a) Tomaten waschen und 30 bis 60 Sekunden in kochendes Wasser tauchen oder bis sich die Haut spaltet. In kaltes Wasser tauchen, Häute abziehen und Kerne entfernen.

b) Alle Zutaten in einen großen Topf geben und unter häufigem Rühren zum Kochen bringen. Hitze reduzieren und 20 Minuten köcheln lassen, dabei gelegentlich umrühren.

c) Füllen Sie heiße Salsa in heiße Pint-Gläser und lassen Sie 1/2-Zoll-Kopfraum.

d) Entfernen Sie Luftblasen und passen Sie den Kopfraum bei Bedarf an. Wischen Sie die Ränder der Gläser mit einem feuchten, sauberen Papiertuch ab.

e) Deckel anpassen und verarbeiten.

28. Tomaten-Chili-Salsa

Zutaten:

- 3 Tassen geschälte, entkernte, gehackte Tomaten
- 3 Tassen entkernte, gehackte lange grüne Chilis
- 3/4 Tasse gehackte Zwiebeln
- 1 Jalapeño-Pfeffer, entkernt, gehackt
- 6 Knoblauchzehen, gehackt
- 1-1/2 Tassen Essig (5%)
- 1/2 Teelöffel gemahlener Kreuzkümmel (optional)
- 2 Teelöffel Oreganoblätter (optional)
- 1-1/2 Teelöffel Salz

Ausbeute: Ungefähr 3 Pints

Richtungen:

a) Tomaten waschen und 30 bis 60 Sekunden in kochendes Wasser tauchen oder bis sich die Haut spaltet. In kaltes Wasser tauchen, Häute abziehen und Kerne entfernen.

b) Alle Zutaten in einen großen Topf geben und unter häufigem Rühren erhitzen, bis die Mischung kocht. Hitze reduzieren und 20 Minuten köcheln lassen, dabei gelegentlich umrühren.

c) Füllen Sie heiße Salsa in heiße Pint-Gläser und lassen Sie 1/2-Zoll-Kopfraum.

d) Entfernen Sie Luftblasen und passen Sie den Kopfraum bei Bedarf an. Wischen Sie die Ränder der Gläser mit einem feuchten, sauberen Papiertuch ab.

e) Deckel anpassen und verarbeiten.

29. Tomaten-Taco-Sauce

Zutaten:

- 8 Liter geschälte, entkernte, gehackte Tomatenmark
- 2 Knoblauchzehen, zerdrückt
- 5 Tassen gehackte Zwiebeln
- 4 Jalapeño-Paprikaschoten, entkernt, gehackt
- 4 lange grüne Chilis, entkernt, gehackt
- 2-1/2 Tassen Essig
- 2 Esslöffel Salz
- 1-1/2 Esslöffel schwarzer Pfeffer
- 1 Esslöffel Zucker
- 2 Esslöffel Oreganoblätter (optional)
- 1 Teelöffel gemahlener Kreuzkümmel (optional)

Ausbeute: Ungefähr 16 bis 18 Pints

Richtungen:

a) Kombinieren Sie die Zutaten in einem großen Topf. Zum Kochen bringen, dann die Hitze reduzieren und köcheln lassen, dabei häufig umrühren, bis die Masse dickflüssig ist (etwa 1 Stunde).

b) Füllen Sie heiße Soße in heiße Pint-Gläser und lassen Sie 1/2-Zoll-Kopfraum.

c) Entfernen Sie Luftblasen und passen Sie den Kopfraum bei Bedarf an. Wischen Sie die Ränder der Gläser mit einem feuchten, sauberen Papiertuch ab.

d) Deckel anpassen und verarbeiten.

30. Chile con carne

Zutaten:

- 3 Tassen getrockneter Pinto oder rote Kidneybohnen
- 5-1/2 Tassen Wasser
- 5 Teelöffel Salz (getrennt)
- 3 Pfund Rinderhackfleisch
- 1-1/2 Tassen gehackte Zwiebeln
- 1 Tasse gehackte Paprika deiner Wahl
- 1 Teelöffel schwarzer Pfeffer
- 3 bis 6 Esslöffel Chilipulver
- 2 Liter zerdrückte oder ganze Tomaten

Ausbeute: 9 Pints

Richtungen:

a) Bohnen gründlich waschen und in einen 2 qt. Topf. Fügen Sie kaltes Wasser bis zu einer Höhe von 2 bis 3 Zoll über den Bohnen hinzu und lassen Sie es 12 bis 18

Stunden einweichen. Wasser abgießen und entsorgen.

b) Bohnen mit 5-1/2 Tassen frischem Wasser und 2 Teelöffel Salz mischen. Zum Kochen bringen. Hitze reduzieren und 30 Minuten köcheln lassen. Wasser abgießen und entsorgen.

c) Rinderhackfleisch, gehackte Zwiebeln und Paprika (falls gewünscht) in einer Pfanne anbraten. Fett abtropfen lassen und 3 Teelöffel Salz, Pfeffer, Chilipulver, Tomaten und abgetropfte gekochte Bohnen hinzufügen. 5 Minuten köcheln lassen. Achtung: Nicht verdicken. Füllen Sie heiße Gläser und lassen Sie 1-Zoll-Kopfraum.

d) Entfernen Sie Luftblasen und passen Sie den Kopfraum bei Bedarf an. Wischen Sie die Ränder der Gläser mit einem feuchten, sauberen Papiertuch ab.

e) Deckel anpassen und verarbeiten.

GEMÜSE & GEMÜSEPRODUKTE

31. Gemischtes Gemüse

Zutaten:

- 6 Tassen geschnittene Karotten
- 6 Tassen geschnittener, ganzer Zuckermais
- 6 Tassen geschnittene grüne Bohnen
- 6 Tassen geschälte Limabohnen
- 4 Tassen ganze oder zerdrückte Tomaten
- 4 Tassen gewürfelte Zucchini

Ausbeute: 7 Liter

Richtungen:

a) Gemüse außer Zucchini waschen und zubereiten, wie zuvor für jedes Gemüse beschrieben. Zucchini waschen, putzen und in Scheiben schneiden oder würfeln; Kombinieren Sie alle Gemüse in einem großen Topf oder Wasserkocher und fügen Sie so viel Wasser hinzu, dass die Stücke bedeckt sind.

b) Wenn gewünscht, 1 Teelöffel Salz pro Liter in das Glas geben. Kochen Sie 5 Minuten und füllen Sie heiße Gläser mit heißen Stücken und Flüssigkeit, wobei Sie 1-Zoll-Kopfraum lassen.

c) Entfernen Sie Luftblasen und passen Sie den Kopfraum bei Bedarf an. Wischen Sie die Ränder der Gläser mit einem feuchten, sauberen Papiertuch ab.

d) Deckel anpassen und verarbeiten.

32. Succotash

Zutaten:

- 15 Pfund ungeschälter Zuckermais
- 14 lbs reife grüne Limabohnen in Hülsen
- 2 Liter zerdrückte oder ganze Tomaten

Ausbeute: 7 Liter

Richtungen:

a) Waschen und bereiten Sie frische Produkte wie zuvor für bestimmte Gemüsesorten beschrieben vor.

b) Heiße Packung – Kombinieren Sie alles vorbereitete Gemüse in einem großen Wasserkocher mit so viel Wasser, dass die Stücke bedeckt sind. Fügen Sie 1 Teelöffel Salz zu jedem heißen Quartglas hinzu, falls gewünscht. Succotash 5 Minuten sanft kochen und heiße Gläser mit Stücken und Kochflüssigkeit füllen und dabei 1 Zoll Kopfraum lassen.

c) Rohpackung – Füllen Sie heiße Gläser mit gleichen Teilen des gesamten zubereiteten Gemüses und lassen Sie 1-Zoll-Kopfraum. Teile nicht schütteln oder niederdrücken. Fügen Sie 1 Teelöffel Salz zu jedem Literglas hinzu, falls gewünscht. Fügen Sie frisches kochendes Wasser hinzu und lassen Sie 1-Zoll-Kopfraum.

d) Entfernen Sie Luftblasen und passen Sie den Kopfraum bei Bedarf an. Wischen Sie die Ränder der Gläser mit einem feuchten, sauberen Papiertuch ab.

e) Deckel anpassen und verarbeiten.

FERMENTIERTES & EINGELEGTES GEMÜSE

33. Dillgurken

Zutaten:

- 4 Pfund 4-Zoll-Einlegegurke
- 2 Esslöffel Dillsamen oder 4 bis 5 Köpfe frisches oder trockenes Dillkraut
- 1/2 Tasse Salz
- 1/4 Tasse Essig (5%
- 8 Tassen Wasser und eine oder mehrere der folgenden Zutaten:
- 2 Knoblauchzehen (optional)
- 2 getrocknete rote Paprika (optional)
- 2 Teelöffel ganze gemischte Beizgewürze

Richtungen:

a) Gurken waschen. Schneiden Sie eine 1/16-Zoll-Scheibe vom Blütenende ab und entsorgen Sie sie. Lassen Sie 1/4-Zoll-Stiel befestigt. Die Hälfte des Dills und der Gewürze auf den Boden eines sauberen, geeigneten Behälters geben.

b) Gurken, restlichen Dill und Gewürze hinzufügen. Salz in Essig und Wasser auflösen und über die Gurken gießen.

c) Fügen Sie geeignete Abdeckung und Gewicht hinzu. Während der Fermentation etwa 3 bis 4 Wochen bei einer Temperatur zwischen 70 und 75 °F lagern. Temperaturen von 55 bis 65 °F sind akzeptabel, aber die Gärung dauert 5 bis 6 Wochen.

d) Vermeiden Sie Temperaturen über 80°F, sonst werden die Gurken während der Fermentation zu weich. Fermentierende Gurken heilen langsam. Kontrollieren Sie den Behälter mehrmals pro Woche und entfernen Sie umgehend Oberflächenschaum oder Schimmel. Achtung: Wenn die Gurken weich oder schleimig werden oder einen unangenehmen Geruch entwickeln, entsorgen Sie sie.

e) Durchgegorene Gurken können im Originalgebinde ca. 4 bis 6 Monate gelagert werden, sofern sie gekühlt und regelmäßig von Oberflächenschaum und Schimmelpilzen befreit werden. Das Einmachen von vollständig fermentierten Gurken ist eine bessere Möglichkeit, sie zu lagern. Um sie einzukochen, gießen Sie die Salzlake in eine Pfanne, erhitzen Sie sie langsam zum Kochen und köcheln Sie 5 Minuten. Filtern Sie die Salzlake durch Papierkaffeefilter, um die Trübung zu reduzieren, falls gewünscht.

f) Füllen Sie das heiße Glas mit Gurken und heißer Salzlake und lassen Sie 1/2-Zoll-Kopfraum.

g) Entfernen Sie Luftblasen und passen Sie den Kopfraum bei Bedarf an. Wischen Sie die Ränder der Gläser mit einem feuchten, sauberen Papiertuch ab.

h) Deckel anpassen und verarbeiten.

34. Sauerkraut

Zutaten:

- 25 Pfund Kohl
- 3/4 Tasse Konserven- oder Pökelsalz

Ausbeute: Ungefähr 9 Liter

Richtungen:

a) Arbeiten Sie mit etwa 5 Pfund Kohl auf einmal. Äußere Blätter entsorgen. Die Köpfe unter fließendem kaltem Wasser abspülen und abtropfen lassen. Köpfe vierteln und Kerne entfernen. Auf eine Dicke von einem Viertel zerkleinern oder in Scheiben schneiden.

b) Kohl in einen geeigneten Gärbehälter geben und 3 Esslöffel Salz hinzufügen. Mit sauberen Händen gründlich mischen. Fest packen, bis Salz Saft aus dem Kohl zieht.

c) Wiederholen Sie das Zerkleinern, Salzen und Verpacken, bis der gesamte Kohl im Behälter ist. Stellen Sie sicher, dass es tief genug ist, damit sich der Rand mindestens 10 oder 5 Zoll über dem Kohl befindet. Wenn der Saft den Kohl nicht bedeckt, fügen Sie gekochte und abgekühlte Salzlake hinzu (1-1/2 Esslöffel Salz pro Liter Wasser).

d) Platte und Gewichte hinzufügen; Bedecke den Behälter mit einem sauberen Badetuch. Während der Fermentation bei 70 bis 75 ° F lagern. Bei Temperaturen zwischen 70 und 75 °F ist Kraut in etwa 3 bis 4 Wochen vollständig vergoren; bei 60 bis 65 ° F kann die Fermentation 5 bis 6 Wochen dauern. Bei Temperaturen unter 60 ° F kann Kraut nicht gären. Über 75 ° F kann Kraut weich werden.

e) Wenn Sie den Kohl mit einem mit Salzlake gefüllten Beutel beschweren, rühren Sie den Topf nicht um, bis die normale Gärung abgeschlossen ist (wenn das Sprudeln aufhört). Wenn Sie Gläser als Gewicht verwenden, müssen Sie das Kraut zwei- bis dreimal pro Woche kontrollieren und eventuellen Schaum entfernen. Durchgegorenes Kraut kann im Kühlschrank mehrere Monate gut verschlossen aufbewahrt werden.

f) Entfernen Sie Luftblasen und passen Sie den Kopfraum bei Bedarf an. Wischen Sie die Ränder der Gläser mit einem feuchten, sauberen Papiertuch ab. Deckel anpassen und verarbeiten.

35. Brot-und-Butter-Gurken

Zutaten:

- 6 Pfund 4- bis 5-Zoll-Einlegegurken
- 8 Tassen dünn geschnittene Zwiebeln
- 1/2 Tasse Konserven- oder Pökelsalz
- 4 Tassen Essig (5%)
- 4-1/2 Tassen Zucker
- 2 Esslöffel Senfkörner
- 1-1/2 Esslöffel Selleriesamen
- 1 Esslöffel gemahlene Kurkuma
- 1 Tasse eingelegte Limette

Ausbeute: Ungefähr 8 Pints

Richtungen:

a) Gurken waschen. Schneiden Sie 1/16-Zoll des Blütenendes ab und entsorgen Sie es. In 3/16-Zoll-Scheiben schneiden.

Gurken und Zwiebeln in einer großen Schüssel mischen. Füge Salz hinzu. Mit 2 Zoll zerstoßenem oder gewürfeltem Eis bedecken. 3 bis 4 Stunden kühl stellen und nach Bedarf mehr Eis hinzufügen.

b) Restliche Zutaten in einem großen Topf vermengen. 10 Minuten kochen. Gurken und Zwiebeln abgießen und dazugeben und langsam zum Kochen bringen. Füllen Sie heiße Pint-Gläser mit Scheiben und Kochsirup und lassen Sie 1/2-Zoll-Kopfraum. Entfernen Sie Luftblasen und passen Sie den Kopfraum bei Bedarf an. Wischen Sie die Ränder der Gläser mit einem feuchten, sauberen Papiertuch ab.

c) Deckel anpassen und verarbeiten.

36. Dillgurken frisch verpackt

Zutaten:

- 8 Pfund 3- bis 5-Zoll-Einlegegurken
- 2 Liter Wasser
- 1-1/4 Tassen Konserven- oder Pökelsalz
- 1-1/2 Liter Essig (5%)
- 1/4 Tasse Zucker
- 2 Liter Wasser
- 2 Esslöffel ganze gemischte Beizgewürze
- ca. 3 Esslöffel ganze Senfkörner (1 Teelöffel pro Pint-Glas)
- etwa 14 Köpfe frischer Dill (1-1/2 Köpfe pro Pintglas) oder
- 4-1/2 Esslöffel Dillsamen (1-1/2 Teelöffel pro Pint-Glas)

Ausbeute: Ungefähr 7 bis 9 Pints

Richtungen:

a) Gurken waschen. Schneiden Sie eine 1/16-Zoll-Scheibe vom Blütenende ab und entsorgen Sie sie, aber lassen Sie den 1/4-Zoll-Stiel befestigt. 3/4 Tasse Salz in 2 Liter Wasser auflösen. Über die Gurken gießen und 12 Stunden stehen lassen. Abfluss.

b) Kombinieren Sie Essig, 1/2 Tasse Salz, Zucker und 2 Liter Wasser. Fügen Sie gemischte Beizgewürze hinzu, die in einem sauberen weißen Tuch gebunden sind. Zum Sieden erhitzen. Heiße Gläser mit Gurken füllen.

c) Fügen Sie 1 Teelöffel Senfkörner und 1-1/2 Köpfe frischen Dill pro Pint hinzu. Mit kochender Beizlösung bedecken und dabei 1/2-Zoll-Kopfraum lassen. Entfernen Sie Luftblasen und passen Sie den Kopfraum bei Bedarf an. Wischen Sie die Ränder der Gläser mit einem feuchten, sauberen Papiertuch ab.

d) Deckel anpassen und verarbeiten.

37. Süße Gurkengurken

Zutaten:

- 7 Pfund Gurken (1-1/2 Zoll oder weniger)
- 1/2 Tasse Konserven- oder Pökelsalz
- 8 Tassen Zucker
- 6 Tassen Essig (5%)
- 3/4 Teelöffel Kurkuma
- 2 Teelöffel Selleriesamen
- 2 Teelöffel ganzes gemischtes Beizgewürz
- 2 Zimtstangen
- 1/2 Teelöffel Fenchel (optional)
- 2 Teelöffel Vanille (optional)

Ausbeute: Ungefähr 6 bis 7 Pints

Richtungen:

a) Gurken waschen. Schneiden Sie eine 1/16-Zoll-Scheibe vom Blütenende ab und entsorgen Sie sie, aber lassen Sie den 1/4-Zoll-Stiel befestigt.

b) Gurken in einen großen Behälter geben und mit kochendem Wasser bedecken. Sechs bis 8 Stunden später und am zweiten Tag erneut abgießen und mit 6 Liter frischem kochendem Wasser mit 1/4-Tasse Salz bedecken. Am dritten Tag die Gurken abtropfen lassen und mit einer Tischgabel einstechen.

c) Kombinieren und zum Kochen bringen 3 Tassen Essig, 3 Tassen Zucker, Kurkuma und Gewürze. Über die Gurken gießen. Sechs bis 8 Stunden später den Beizsirup abgießen und aufbewahren. Fügen Sie weitere 2 Tassen Zucker und Essig hinzu und erhitzen Sie sie erneut zum Kochen. Über die Gurken gießen.

d) Am vierten Tag den Sirup abgießen und aufbewahren. Fügen Sie weitere 2 Tassen Zucker und 1 Tasse Essig hinzu. Zum Kochen bringen und über die Gurken gießen. Eingelegten Sirup 6 bis 8 Stunden später abgießen und aufbewahren. 1 Tasse Zucker und 2 Teelöffel Vanille hinzufügen und zum Kochen bringen.

e) Füllen Sie heiße, sterile Pint-Gläser mit Gurken und bedecken Sie sie mit heißem Sirup, wobei Sie 1/2-Zoll-Kopfraum lassen.

f) Entfernen Sie Luftblasen und passen Sie den Kopfraum bei Bedarf an. Wischen Sie die Ränder der Gläser mit einem feuchten, sauberen Papiertuch ab.

g) Deckel anpassen und verarbeiten.

38. 14 Tage süße Gurken

Zutaten:

- 4 Pfund 2- bis 5-Zoll-Einlegegurken
- 3/4 Tasse Konserven- oder Pökelsalz
- 2 Teelöffel Selleriesamen
- 2 Esslöffel gemischte Beizgewürze
- 5-1/2 Tassen Zucker
- 4 Tassen Essig (5%)

Ausbeute: Ungefähr 5 bis 9 Pints

Richtungen:

a) Gurken waschen. Schneiden Sie eine 1/16-Zoll-Scheibe vom Blütenende ab und entsorgen Sie sie, aber lassen Sie den 1/4-Zoll-Stiel befestigt. Legen Sie ganze Gurken in einen geeigneten 1-Gallonen-Behälter.

b) Fügen Sie 1/4 Tasse Konserven- oder Pökelsalz zu 2 Liter Wasser hinzu und bringen Sie es zum Kochen. Über die

Gurken gießen. Fügen Sie geeignete
Abdeckung und Gewicht hinzu.

c) Legen Sie ein sauberes Handtuch über den Behälter und halten Sie die Temperatur bei etwa 70 °F. Am dritten und fünften Tag das Salzwasser abgießen und entsorgen. Gurken abspülen und Gurken in den Behälter zurückgeben. Fügen Sie 1/4 Tasse Salz zu 2 Liter frischem Wasser hinzu und kochen Sie. Über die Gurken gießen.

d) Abdeckung und Gewicht wieder anbringen und mit einem sauberen Tuch wieder abdecken. Am siebten Tag das Salzwasser abgießen und entsorgen. Gurken abspülen, abdecken und beschweren.

39. Schnelle süße Gurken

Zutaten:

- 8 Pfund 3- bis 4-Zoll-Einlegegurken
- 1/3 Tasse Konserven- oder Pökelsalz
- 4-1/2 Tassen Zucker
- 3-1/2 Tassen Essig (5%)
- 2 Teelöffel Selleriesamen
- 1 Esslöffel ganzer Piment
- 2 Esslöffel Senfkörner
- 1 Tasse eingelegte Limette (optional)

Ausbeute: Ungefähr 7 bis 9 Pints

Richtungen:

a) Gurken waschen. Schneiden Sie 1/16 Zoll des Blütenendes ab und entsorgen Sie es, aber lassen Sie 1/4 Zoll des Stiels befestigt. Nach Belieben in Streifen oder Streifen schneiden. In eine Schüssel geben und mit 1/3 Tasse Salz bestreuen. Mit 2 Zoll zerstoßenem oder gewürfeltem Eis bedecken.

b) 3 bis 4 Stunden kühl stellen. Fügen Sie nach Bedarf mehr Eis hinzu. Gut abtropfen lassen.

c) Kombinieren Sie Zucker, Essig, Selleriesamen, Piment und Senfkörner in einem 6-Liter-Kessel. Zum Sieden erhitzen.

d) Heiße Packung – Gurken hinzufügen und langsam erhitzen, bis die Essiglösung wieder kocht. Gelegentlich umrühren, um sicherzustellen, dass sich die Mischung gleichmäßig erwärmt. Füllen Sie sterile Gläser und lassen Sie 1/2-Zoll-Kopfraum.

e) Rohpackung – Füllen Sie heiße Gläser und lassen Sie einen Kopfraum von 1/2 Zoll frei. Fügen Sie heißen Beizsirup hinzu und lassen Sie 1/2-Zoll-Kopfraum.

f) Entfernen Sie Luftblasen und passen Sie den Kopfraum bei Bedarf an. Wischen

Sie die Ränder der Gläser mit einem feuchten, sauberen Papiertuch ab.

g) Deckel anpassen und verarbeiten.

40. Eingelegter Spargel

Zutaten:

- 10 Pfund Spargel
- 6 große Knoblauchzehen
- 4-1/2 Tassen Wasser
- 4-1/2 Tassen weißer destillierter Essig (5%)
- 6 kleine Peperoni (optional)
- 1/2 Tasse Konservensalz
- 3 Teelöffel Dillsamen

Ausbeute: 6 Weithals-Pint-Gläser

Richtungen:

a) Spargel gut, aber vorsichtig unter fließendem Wasser waschen. Schneiden Sie die Stiele von unten ab, um Speere mit Spitzen in das Einmachglas zu belassen, wobei Sie etwas mehr als 1/2 Zoll Kopfraum lassen. Knoblauchzehen schälen und waschen.

b) Legen Sie eine Knoblauchzehe auf den Boden jedes Glases und packen Sie den Spargel fest in heiße Gläser mit den stumpfen Enden nach unten. Kombinieren Sie in einem 8-Liter-Sauce Wasser, Essig, Peperoni (optional), Salz und Dillsamen.

c) Zum Kochen bringen. Legen Sie eine scharfe Paprika (falls verwendet) in jedes Glas über die Spargelstangen. Gießen Sie kochend heiße Salzlake über die Speere und lassen Sie 1/2-Zoll-Kopfraum.

d) Entfernen Sie Luftblasen und passen Sie den Kopfraum bei Bedarf an. Wischen Sie die Ränder der Gläser mit einem feuchten, sauberen Papiertuch ab.

e) Deckel anpassen und verarbeiten.

41. Eingelegte Dillbohnen

Zutaten:

- 4 Pfund frische zarte grüne oder gelbe Bohnen
- 8 bis 16 Köpfe frischer Dill
- 8 Zehen Knoblauch (optional)
- 1/2 Tasse Konserven- oder Pökelsalz
- 4 Tassen weißer Essig (5%)
- 4 Tassen Wasser
- 1 Teelöffel scharfe rote Paprikaseen (optional)

Ausbeute: Ungefähr 8 Pints

Richtungen:

a) Die Enden der Bohnen waschen und abschneiden und auf 10 cm Länge schneiden. In jedes heiße, sterile Pintglas 1 bis 2 Dillköpfe und, falls gewünscht, 1 Knoblauchzehe geben. Legen Sie ganze Bohnen aufrecht in Gläser und lassen Sie 1/2-Zoll-Kopfraum.

b) Schneiden Sie die Bohnen, um sicherzustellen, dass sie richtig sind, falls erforderlich. Kombinieren Sie Salz, Essig, Wasser und Pfefferseen (falls gewünscht). Zum Kochen bringen. Fügen Sie den Bohnen heiße Lösung hinzu und lassen Sie einen Kopfraum von 1/2 Zoll frei.

c) Entfernen Sie Luftblasen und passen Sie den Kopfraum bei Bedarf an. Wischen Sie die Ränder der Gläser mit einem feuchten, sauberen Papiertuch ab.

d) Deckel anpassen und verarbeiten.

42. Eingelegter Drei-Bohnen-Salat

Zutaten:

- 1-1/2 Tassen blanchierte grüne/gelbe Bohnen
- 1-1/2 Tassen in Dosen, abgetropft, rote Kidneybohnen
- 1 Tasse abgetropfte Kichererbsen aus der Dose
- 1/2 Tasse geschälte und in dünne Scheiben geschnittene Zwiebel
- 1/2 Tasse getrimmter und in dünne Scheiben geschnittener Sellerie
- 1/2 Tasse geschnittene grüne Paprika
- 1/2 Tasse weißer Essig (5%)
- 1/4 Tasse Zitronensaft in Flaschen
- 3/4 Tasse Zucker
- 1/4 Tasse Öl
- 1/2 Teelöffel Konserven- oder Pökelsalz
- 1-1/4 Tassen Wasser

Ausbeute: Ungefähr 5 bis 6 halbe Pints

Richtungen:

a) Die Enden der frischen Bohnen waschen und abbrechen. Schneiden oder rasten Sie in 1 bis 2 Zoll große Stücke ein.

b) 3 Minuten blanchieren und sofort abkühlen. Kidneybohnen mit Leitungswasser abspülen und erneut abtropfen lassen. Alle anderen Gemüsesorten vorbereiten und abmessen.

c) Essig, Zitronensaft, Zucker und Wasser verrühren und zum Kochen bringen. Vom Herd nehmen.

d) Öl und Salz hinzufügen und gut vermischen. Bohnen, Zwiebeln, Sellerie und grüne Paprika in die Lösung geben und zum Köcheln bringen.

e) 12 bis 14 Stunden im Kühlschrank marinieren, dann die gesamte Mischung zum Kochen bringen. Füllen Sie heiße

Gläser mit Feststoffen. Fügen Sie heiße Flüssigkeit hinzu und lassen Sie 1/2-Zoll-Kopfraum.

f) Entfernen Sie Luftblasen und passen Sie den Kopfraum bei Bedarf an. Wischen Sie die Ränder der Gläser mit einem feuchten, sauberen Papiertuch ab.

g) Deckel anpassen und verarbeiten.

43. Eingelegte Rüben

Zutaten:

- 7 Pfund Rüben mit einem Durchmesser von 2 bis 2 1/2 Zoll
- 4 Tassen Essig (5%)
- 1-1/2 Teelöffel Konserven- oder Pökelsalz
- 2 Tassen Zucker
- 2 Tassen Wasser
- 2 Zimtstangen
- 12 ganze Nelken
- 4 bis 6 Zwiebeln (2- bis 2-1/2 Zoll Durchmesser),

Ausbeute: Ungefähr 8 Pints

Richtungen:

a) Schneiden Sie die Rübenspitzen ab und lassen Sie 1 Zoll Stiel und Wurzeln übrig, um ein Ausbluten der Farbe zu verhindern.

b) Gründlich waschen. Nach Größe sortieren. Ähnliche Größen mit kochendem Wasser bedecken und weich kochen (ca. 25 bis 30 Minuten). Achtung: Flüssigkeit abgießen und entsorgen. Kühle Rüben. Trimmen von Wurzeln und Stängeln und Abstreifen der Häute. In 1/4-Zoll-Scheiben schneiden. Zwiebeln schälen und in dünne Scheiben schneiden.

c) Kombinieren Sie Essig, Salz, Zucker und frisches Wasser. Gewürze in einen Käsetuchbeutel geben und zur Essigmischung geben. Zum Kochen bringen. Rüben und Zwiebeln hinzufügen. 5 Minuten köcheln lassen. Gewürzbeutel entfernen.

d) Füllen Sie heiße Gläser mit Rüben und Zwiebeln und lassen Sie 1/2-Zoll-Kopfraum. Fügen Sie heiße Essiglösung hinzu und lassen Sie 1/2-Zoll-Kopfraum.

e) Entfernen Sie Luftblasen und passen Sie den Kopfraum bei Bedarf an. Wischen

Sie die Ränder der Gläser mit einem feuchten, sauberen Papiertuch ab.

f) Deckel anpassen und verarbeiten.

44. Eingelegte Karotten

Zutaten:

- 2-3/4 Pfund geschälte Karotten
- 5-1/2 Tassen weißer Essig (5%)
- 1 Tasse Wasser
- 2 Tassen Zucker
- 2 Teelöffel Kochsalz
- 8 Teelöffel Senfkörner
- 4 Teelöffel Selleriesamen

Ausbeute: Ungefähr 4 Pints

Richtungen:

a) Karotten waschen und schälen. In Runden schneiden, die ungefähr 1/2 Zoll dick sind.

b) Kombinieren Sie Essig, Wasser, Zucker und Konservensalz in einem 8-Liter-Dutch-Ofen oder Suppentopf. Zum Kochen bringen und 3 Minuten kochen lassen. Karotten hinzufügen und wieder aufkochen. Dann die Hitze auf ein Köcheln reduzieren und bis zur Hälfte erhitzen (ca. 10 Minuten).

c) In der Zwischenzeit 2 Teelöffel Senfkörner und 1 Teelöffel Selleriekörner in jedes leere heiße Pintglas geben. Füllen Sie Gläser mit heißen Karotten und lassen Sie 1-Zoll-Kopfraum. Mit heißer Beizflüssigkeit füllen und dabei 1/2-Zoll-Kopfraum lassen.

d) Entfernen Sie Luftblasen und passen Sie den Kopfraum bei Bedarf an. Wischen Sie die Ränder der Gläser mit einem feuchten, sauberen Papiertuch ab.

e) Deckel anpassen und verarbeiten.

45. Eingelegter Blumenkohl/Brüssel

Zutaten:

- 12 Tassen 1 bis 2 Zoll Blumenkohlröschen oder kleiner Rosenkohl
- 4 Tassen weißer Essig (5%)
- 2 Tassen Zucker
- 2 Tassen dünn geschnittene Zwiebeln
- 1 Tasse gewürfelte süße rote Paprika
- 2 Esslöffel Senfkörner
- 1 Esslöffel Selleriesamen
- 1 Teelöffel Kurkuma
- 1 Teelöffel scharfe rote Paprikaseen

Ausbeute: Ungefähr 9 halbe Pints

Richtungen:

a) Blumenkohlröschen oder Rosenkohl waschen (Stiele und beschädigte äußere Blätter entfernen) und in Salzwasser (4 Teelöffel Salz pro Liter Wasser) 3

Minuten für Blumenkohl und 4 Minuten für Rosenkohl kochen. Abgießen und abkühlen lassen.

b) Kombinieren Sie Essig, Zucker, Zwiebel, gewürfelte rote Paprika und Gewürze in einem großen Topf. Aufkochen und 5 Minuten köcheln lassen. Zwiebel und gewürfelte Paprika auf Gläser verteilen. Füllen Sie heiße Gläser mit Stücken und Beizlösung und lassen Sie 1/2-Zoll-Kopfraum.

c) Entfernen Sie Luftblasen und passen Sie den Kopfraum bei Bedarf an. Wischen Sie die Ränder der Gläser mit einem feuchten, sauberen Papiertuch ab.

d) Deckel anpassen und verarbeiten.

46. Chayote und Jicama Slaw

Zutaten:

- 4 Tassen Julienne-Jicama
- 4 Tassen julienned Chayote
- 2 Tassen gehackte rote Paprika
- 2 gehackte Peperoni
- 2-1/2 Tassen Wasser
- 2-1/2 Tassen Apfelessig (5%)
- 1/2 Tasse weißer Zucker
- 3-1/2 Teelöffel Konservensalz
- 1 Teelöffel Selleriesamen (optional)

Ausbeute: Ungefähr 6 halbe Pints

Richtungen:

a) Achtung: Tragen Sie Plastik- oder Gummihandschuhe und berühren Sie Ihr Gesicht nicht, während Sie Peperoni anfassen oder schneiden. Wenn Sie keine Handschuhe tragen, waschen Sie sich die

Hände gründlich mit Wasser und Seife, bevor Sie Gesicht oder Augen berühren.

b) Julienne Jicama und Chayote waschen, schälen und dünn schälen, dabei die Kerne der Chayote entfernen. In einem 8-Liter-Dutch-Ofen oder Suppentopf alle Zutaten außer Chayote mischen. Zum Kochen bringen und 5 Minuten kochen lassen.

c) Reduzieren Sie die Hitze bis zum Köcheln und fügen Sie Chayote hinzu. Wieder zum Kochen bringen und dann die Hitze ausschalten. Füllen Sie heiße Feststoffe in heiße Half-Pint-Gläser und lassen Sie 1/2-Zoll-Kopfraum.

d) Mit kochender Kochflüssigkeit bedecken und 1/2-Zoll-Kopfraum lassen.

e) Entfernen Sie Luftblasen und passen Sie den Kopfraum bei Bedarf an. Wischen Sie die Ränder der Gläser mit einem feuchten, sauberen Papiertuch ab.

f) Deckel anpassen und verarbeiten.

47. In Brot und Butter eingelegter Jicama

Zutaten:

- 14 Tassen gewürfelter Jicama
- 3 Tassen dünn geschnittene Zwiebel
- 1 Tasse gehackte rote Paprika
- 4 Tassen weißer Essig (5%)
- 4-1/2 Tassen Zucker
- 2 Esslöffel Senfkörner
- 1 Esslöffel Selleriesamen
- 1 Teelöffel gemahlene Kurkuma

Ausbeute: Ungefähr 6 Pints

Richtungen:

a) Kombinieren Sie Essig, Zucker und Gewürze in einem 12-Liter-Dutch-Ofen oder einem großen Topf. Umrühren und zum Kochen bringen. Vorbereitetes Jicama, Zwiebelscheiben und rote Paprika einrühren. Wieder zum Kochen bringen, Hitze reduzieren und 5 Minuten köcheln lassen. Gelegentlich umrühren.

b) Füllen Sie heiße Feststoffe in heiße Pint-Gläser und lassen Sie 1/2-Zoll-Kopfraum. Mit kochender Kochflüssigkeit bedecken und 1/2-Zoll-Kopfraum lassen.

c) Entfernen Sie Luftblasen und passen Sie den Kopfraum bei Bedarf an. Wischen Sie die Ränder der Gläser mit einem feuchten, sauberen Papiertuch ab.

d) Deckel anpassen und verarbeiten.

48. Marinierte ganze Champignons

Zutaten:

- 7 Pfund kleine ganze Champignons
- 1/2 Tasse Zitronensaft in Flaschen
- 2 Tassen Oliven- oder Salatöl
- 2-1/2 Tassen weißer Essig (5%)
- 1 Esslöffel Oreganoblätter
- 1 Esslöffel getrocknete Basilikumblätter
- 1 Esslöffel Konserven- oder Pökelsalz
- 1/2 Tasse gehackte Zwiebeln
- 1/4 Tasse gewürfelter Pimiento
- 2 Knoblauchzehen, in Viertel geschnitten
- 25 schwarze Pfefferkörner

Ausbeute: Ungefähr 9 halbe Pints

Richtungen:

a) Wählen Sie sehr frische, ungeöffnete Pilze mit Kappen von weniger als 1-1/4

Zoll Durchmesser. Waschen. Schneiden Sie die Stiele ab und lassen Sie 1/4 Zoll an der Kappe hängen. Fügen Sie Zitronensaft und Wasser hinzu, um zu bedecken. Zum Kochen bringen. 5 Minuten köcheln lassen. Pilze abtropfen lassen.

b) Olivenöl, Essig, Oregano, Basilikum und Salz in einem Topf mischen. Zwiebeln und Pimiento einrühren und zum Kochen bringen.

c) Gib 1/4 Knoblauchzehe und 2-3 Pfefferkörner in ein halbes Pint-Glas. Füllen Sie heiße Gläser mit Pilzen und heißer, gut gemischter Öl- / Essiglösung und lassen Sie 1/2-Zoll-Kopfraum.

d) Entfernen Sie Luftblasen und passen Sie den Kopfraum bei Bedarf an. Wischen Sie die Ränder der Gläser mit einem feuchten, sauberen Papiertuch ab.

e) Deckel anpassen und verarbeiten.

49. Eingelegter dillierter Okra

Zutaten:

- 7 Pfund kleine Okraschoten
- 6 kleine Peperoni
- 4 Teelöffel Dillsamen
- 8 bis 9 Knoblauchzehen
- 2/3 Tasse Konserven- oder Pökelsalz
- 6 Tassen Wasser
- 6 Tassen Essig (5%)

Ausbeute: Ungefähr 8 bis 9 Pints

Richtungen:

a) Okraschoten waschen und putzen. Füllen Sie heiße Gläser fest mit ganzen Okraschoten und lassen Sie 1/2-Zoll-Kopfraum. In jedes Glas 1 Knoblauchzehe geben.

b) Salz, Peperoni, Dillsamen, Wasser und Essig in einen großen Topf geben und zum Kochen bringen. Gießen Sie heiße Beizlösung über die Okra und lassen Sie 1/2-Zoll-Kopfraum.

c) Entfernen Sie Luftblasen und passen Sie den Kopfraum bei Bedarf an. Wischen Sie die Ränder der Gläser mit einem feuchten, sauberen Papiertuch ab.

d) Deckel anpassen und verarbeiten.

50. Eingelegte Perlzwiebeln

Zutaten:

- 8 Tassen geschälte weiße Perlzwiebeln
- 5-1/2 Tassen weißer Essig (5%)
- 1 Tasse Wasser
- 2 Teelöffel Kochsalz
- 2 Tassen Zucker
- 8 Teelöffel Senfkörner
- 4 Teelöffel Selleriesamen

Ausbeute: Ungefähr 3 bis 4 Pints

Richtungen:

a) Um Zwiebeln zu schälen, legen Sie nacheinander einige in einen Drahtkorb oder ein Sieb, tauchen Sie sie 30 Sekunden lang in kochendes Wasser, nehmen Sie sie heraus und legen Sie sie 30 Sekunden lang in kaltes Wasser. Schneiden Sie eine 1/16-Zoll-Scheibe vom Wurzelende ab, entfernen Sie dann die Schale und schneiden Sie 1/16-Zoll vom anderen Ende der Zwiebel ab.

b) Kombinieren Sie Essig, Wasser, Salz und Zucker in einem 8-Liter-Dutch-Ofen oder Suppentopf. Zum Kochen bringen und 3 Minuten kochen lassen.

c) Geschälte Zwiebeln dazugeben und wieder aufkochen. Reduzieren Sie die Hitze auf ein Köcheln und erhitzen Sie es bis zur Hälfte (ca. 5 Minuten).

d) In der Zwischenzeit 2 Teelöffel Senfsamen und 1 Teelöffel Selleriesamen in jedes leere heiße Pintglas geben. Mit heißen Zwiebeln füllen und dabei 1 Zoll Kopfraum lassen. Mit heißer Beizflüssigkeit füllen und dabei 1/2-Zoll-Kopfraum lassen.

e) Entfernen Sie Luftblasen und passen Sie den Kopfraum bei Bedarf an. Wischen Sie die Ränder der Gläser mit einem feuchten, sauberen Papiertuch ab.

f) Deckel anpassen und verarbeiten.

51. Marinierte Paprika

Zutaten:

- Glocke, Ungarisch, Banane oder Jalapeño
- 4 Pfund feste Paprika
- 1 Tasse Zitronensaft in Flaschen
- 2 Tassen weißer Essig (5%)
- 1 Esslöffel Oreganoblätter
- 1 Tasse Oliven- oder Salatöl
- 1/2 Tasse gehackte Zwiebeln
- 2 Knoblauchzehen, geviertelt (optional)
- 2 Esslöffel zubereiteter Meerrettich (optional)

Ausbeute: Ungefähr 9 halbe Pints

Richtungen:

a) Wählen Sie Ihren Lieblingspfeffer aus. Achtung: Wenn Sie scharfe Paprikaschoten auswählen, tragen Sie Plastik- oder Gummihandschuhe und berühren Sie Ihr Gesicht nicht, während Sie scharfe Paprikaschoten anfassen oder schneiden.

b) Waschen, schneiden Sie zwei bis vier Schlitze in jede Paprika und blanchieren Sie sie in kochendem Wasser oder die Haut von hartschaligen Peperoni mit einer dieser beiden Methoden:

c) Ofen- oder Grillmethode zum Blasen von Haut – Legen Sie die Paprikaschoten in einen heißen Ofen (400 ° F) oder unter einen Grill für 6 bis 8 Minuten, bis die Haut Blasen bildet.

d) Range-Top-Methode zum Blasen von Häuten – Decken Sie den heißen Brenner (entweder Gas oder Elektro) mit dickem Drahtgeflecht ab.

e) Legen Sie die Paprika einige Minuten auf den Brenner, bis die Haut Blasen wirft.

f) Nachdem die Haut Blasen geschlagen hat, Paprika in eine Pfanne geben und mit einem feuchten Tuch abdecken. (Dies erleichtert das Schälen der Paprika.)

Einige Minuten abkühlen lassen; Schale von Häuten. Ganze Paprika platt drücken.

g) Alle restlichen Zutaten in einem Topf mischen und zum Kochen bringen. Gib 1/4 Knoblauchzehe (optional) und 1/4 Teelöffel Salz in jedes heiße halbe Pint-Glas oder 1/2 Teelöffel pro Pint. Füllen Sie heiße Gläser mit Paprika. Fügen Sie heiße, gut gemischte Öl- / Beizlösung über die Paprika hinzu und lassen Sie 1/2-Zoll-Kopfraum.

h) Entfernen Sie Luftblasen und passen Sie den Kopfraum bei Bedarf an. Wischen Sie die Ränder der Gläser mit einem feuchten, sauberen Papiertuch ab.

i) Deckel anpassen und verarbeiten.

52. Eingelegte Paprika

Zutaten:

- 7 Pfund feste Paprika
- 3-1/2 Tassen Zucker
- 3 Tassen Essig (5%)
- 3 Tassen Wasser
- 9 Knoblauchzehen
- 4-1/2 Teelöffel Konserven- oder Pökelsalz

Ausbeute: Ungefähr 9 Pints

Richtungen:

a) Paprika waschen, vierteln, Kerne und Kerne entfernen und alle Schönheitsfehler entfernen. Paprika in Streifen schneiden. Zucker, Essig und Wasser 1 Minute aufkochen.

b) Paprika dazugeben und aufkochen. Geben Sie 1/2 Knoblauchzehe und 1/4 Teelöffel Salz in jedes heiße sterile halbe Pintglas;

verdoppeln Sie die Mengen für Pint-Gläser.

c) Fügen Sie Pfefferstreifen hinzu und bedecken Sie sie mit heißer Essigmischung, sodass 1/2 Zoll . übrig bleiben

53. Eingelegte Peperoni

Zutaten:

- Ungarisch, Banane, Chile, Jalapeño
- 4 Pfund scharfe lange rote, grüne oder gelbe Paprika
- 3 Pfund süße rote und grüne Paprika, gemischt
- 5 Tassen Essig (5%)
- 1 Tasse Wasser
- 4 Teelöffel Konserven- oder Pökelsalz
- 2 Esslöffel Zucker
- 2 Zehen Knoblauch

Ausbeute: Ungefähr 9 Pints

Richtungen:

a) Achtung: Tragen Sie Plastik- oder Gummihandschuhe und berühren Sie Ihr Gesicht nicht, während Sie Peperoni anfassen oder schneiden. Wenn Sie keine

Handschuhe tragen, waschen Sie sich die Hände gründlich mit Wasser und Seife, bevor Sie Gesicht oder Augen berühren.

b) Paprika waschen. Wenn kleine Paprikaschoten ganz bleiben, schneiden Sie 2 bis 4 Schlitze in jede. Große Paprika vierteln.

c) Blanchieren Sie scharfe Peperoni in kochendem Wasser oder Blasenhaut mit einer dieser beiden Methoden:

d) Ofen- oder Grillmethode zum Blasen von Haut – Legen Sie die Paprikaschoten in einen heißen Ofen (400 ° F) oder unter einen Grill für 6 bis 8 Minuten, bis die Haut Blasen bildet.

e) Range-Top-Methode zum Blasen von Häuten – Decken Sie den heißen Brenner (entweder Gas oder Elektro) mit dickem Drahtgeflecht ab.

f) Legen Sie die Paprika einige Minuten auf den Brenner, bis die Haut Blasen wirft.

g) Nachdem die Haut Blasen geschlagen hat, Paprika in eine Pfanne geben und mit einem feuchten Tuch abdecken. (Dies erleichtert das Schälen der Paprika.) Einige Minuten abkühlen lassen; Schale von Häuten. Kleine Paprika platt drücken. Große Paprika vierteln. Füllen Sie heiße Gläser mit Paprika und lassen Sie 1/2-Zoll-Kopfraum.

h) Die anderen Zutaten mischen und zum Kochen bringen und 10 Minuten köcheln lassen. Knoblauch entfernen. Fügen Sie heiße Beizlösung über Paprika hinzu und lassen Sie 1/2-Zoll-Kopfraum.

i) Entfernen Sie Luftblasen und passen Sie den Kopfraum bei Bedarf an. Wischen Sie die Ränder der Gläser mit einem feuchten, sauberen Papiertuch ab.

j) Deckel anpassen und verarbeiten.

54. Eingelegte Jalapeño-Pfefferringe

Zutaten:

- 3 Pfund Jalapeño-Paprika
- 1-1/2 Tassen eingelegte Limette
- 1-1/2 Gallonen Wasser
- 7-1/2 Tassen Apfelessig (5%)
- 1-3/4 Tassen Wasser
- 2-1/2 Esslöffel Konservensalz
- 3 Esslöffel Selleriesamen
- 6 Esslöffel Senfkörner

Ausbeute: Ungefähr 6 Pint-Gläser

Richtungen:

a) Achtung: Tragen Sie Plastik- oder Gummihandschuhe und berühren Sie Ihr Gesicht nicht, während Sie Peperoni anfassen oder schneiden.

b) Paprika gut waschen und in 1/4 Zoll dicke Scheiben schneiden. Schaftende entsorgen.

c) Mischen Sie 1-1/2 Tassen Beizkalk mit 1-1/2 Gallonen Wasser in einem Behälter aus Edelstahl, Glas oder lebensmittelechtem Kunststoff. Vermeiden Sie das Einatmen von Kalkstaub beim Mischen der Kalk-Wasser-Lösung.

d) Paprikascheiben in Limettenwasser im Kühlschrank 18 Stunden einweichen und gelegentlich umrühren (12 bis 24 Stunden können verwendet werden). Limettenlösung von eingeweichten Pfefferringen abtropfen lassen.

e) Paprika vorsichtig aber gründlich mit Wasser abspülen. Pfefferringe mit frischem kaltem Wasser bedecken und 1 Stunde im Kühlschrank einweichen. Wasser aus Paprika abgießen. Wiederholen Sie die Schritte Spülen, Einweichen und Abtropfen noch zweimal. Zum Schluss gründlich abtropfen lassen.

f) Geben Sie 1 Esslöffel Senfsamen und 1-1/2 Teelöffel Selleriesamen in den Boden jedes heißen Pintglases. Füllen Sie die abgetropften Pfefferringe in die Gläser und lassen Sie 1/2-Zoll-Kopfraum. Bringen Sie Apfelessig, 1-3/4 Tassen Wasser und Konservensalz bei starker Hitze zum Kochen. Mit kochend heißer Salzlösung über Pfefferringe in Gläsern schöpfen und dabei 1/2-Zoll-Kopfraum lassen.

g) Entfernen Sie Luftblasen und passen Sie den Kopfraum bei Bedarf an. Wischen Sie die Ränder der Gläser mit einem feuchten, sauberen Papiertuch ab.

h) Deckel anpassen und verarbeiten.

55. Eingelegte gelbe Paprikaringe

Zutaten:

- 2-1/2 bis 3 Pfund gelbe (Banane) Paprika
- 2 Esslöffel Selleriesamen
- 4 Esslöffel Senfkörner
- 5 Tassen Apfelessig (5%)
- 1-1/4 Tassen Wasser
- 5 Teelöffel Kochsalz

Ausbeute: Ungefähr 4 Pint-Gläser

Richtungen:

a) Paprika gut waschen und Stielende entfernen; Paprika in 1/4 Zoll dicke Ringe schneiden. Geben Sie 1/2 Esslöffel Selleriesamen und 1 Esslöffel Senfsamen in den Boden jedes leeren Hot-Pint-Glases.

b) Füllen Sie Pfefferringe in Gläser und lassen Sie 1/2-Zoll-Kopfraum.

Kombinieren Sie den Apfelessig, das Wasser und das Salz in einem 4-Liter-Dutch-Ofen oder Kochtopf; zum Kochen bringen. Bedecken Sie die Pfefferringe mit kochender Beizflüssigkeit und lassen Sie 1/2-Zoll-Kopfraum.

c) Entfernen Sie Luftblasen und passen Sie den Kopfraum bei Bedarf an. Wischen Sie die Ränder der Gläser mit einem feuchten, sauberen Papiertuch ab.

d) Deckel anpassen und verarbeiten.

56. Eingelegte süße grüne Tomaten

Zutaten:

- 10 bis 11 Pfund grüne Tomaten
- 2 Tassen geschnittene Zwiebeln
- 1/4 Tasse Konserven- oder Pökelsalz
- 3 Tassen brauner Zucker
- 4 Tassen Essig (5%)
- 1 Esslöffel Senfkörner
- 1 Esslöffel Piment
- 1 Esslöffel Selleriesamen
- 1 Esslöffel ganze Nelken

Ausbeute: Ungefähr 9 Pints

Richtungen:

a) Tomaten und Zwiebeln waschen und in Scheiben schneiden. In eine Schüssel geben, mit 1/4 Tasse Salz bestreuen und 4 bis 6 Stunden stehen lassen. Abfluss.

Zucker in Essig erhitzen und verrühren, bis er sich aufgelöst hat.

b) Senfkörner, Piment, Selleriekörner und Nelken in einem Gewürzbeutel zusammenbinden. Mit Tomaten und Zwiebeln zu Essig geben. Wenn nötig, fügen Sie ein Minimum an Wasser hinzu, um die Stücke zu bedecken. Aufkochen und 30 Minuten köcheln lassen, dabei nach Bedarf umrühren, um ein Anbrennen zu vermeiden. Tomaten sollten bei richtiger Zubereitung zart und transparent sein.

c) Gewürzbeutel entfernen. Füllen Sie das heiße Glas mit Feststoffen und bedecken Sie es mit heißer Beizlösung, wobei Sie einen Luftraum von 1/2 Zoll lassen.

d) Entfernen Sie Luftblasen und passen Sie den Kopfraum bei Bedarf an. Wischen Sie die Ränder der Gläser mit einem feuchten, sauberen Papiertuch ab.

e) Deckel anpassen und verarbeiten.

57. Eingelegtes gemischtes Gemüse

Zutaten:

- 4 Pfund 4- bis 5-Zoll-Einlegegurken
- 2 Pfund geschälte und geviertelte kleine Zwiebeln
- 4 Tassen geschnittener Sellerie (1-Zoll-Stücke)
- 2 Tassen geschälte und geschnittene Karotten (1/2-Zoll-Stücke)
- 2 Tassen geschnittene süße rote Paprika (1/2-Zoll-Stücke)
- 2 Tassen Blumenkohlröschen
- 5 Tassen weißer Essig (5%)
- 1/4 Tasse zubereiteter Senf
- 1/2 Tasse Konserven- oder Pökelsalz
- 3-1/2 Tassen Zucker
- 3 Esslöffel Selleriesamen
- 2 Esslöffel Senfkörner
- 1/2 Teelöffel ganze Nelken
- 1/2 Teelöffel gemahlene Kurkuma

Ausbeute: Ungefähr 10 Pints

Richtungen:

a) Gemüse mischen, mit 5 cm gewürfeltem oder zerstoßenem Eis bedecken und 3 bis 4 Stunden kühl stellen. In einem 8-Liter-Wasserkocher Essig und Senf mischen und gut mischen. Fügen Sie Salz, Zucker, Selleriesamen, Senfkörner, Nelken, Kurkuma hinzu. Zum Kochen bringen. Gemüse abtropfen lassen und in die heiße Beizlösung geben.

b) Abdecken und langsam aufkochen. Gemüse abtropfen lassen, aber Beizlösung aufbewahren. Füllen Sie Gemüse in heiße, sterile Pint-Gläser oder heiße Quarts und lassen Sie 1/2-Zoll-Kopfraum. Fügen Sie Beizlösung hinzu und lassen Sie einen Kopfraum von 1/2 Zoll frei.

c) Entfernen Sie Luftblasen und passen Sie den Kopfraum bei Bedarf an. Wischen

Sie die Ränder der Gläser mit einem feuchten, sauberen Papiertuch ab.

d) Deckel anpassen und verarbeiten.

58. Eingelegtes Brot-und-Butter-Zucchini

Zutaten:

- 16 Tassen frische Zucchini, in Scheiben geschnitten
- 4 Tassen Zwiebeln, in dünne Scheiben geschnitten
- 1/2 Tasse Konserven- oder Pökelsalz
- 4 Tassen weißer Essig (5%)
- 2 Tassen Zucker
- 4 Esslöffel Senfkörner
- 2 Esslöffel Selleriesamen
- 2 Teelöffel gemahlene Kurkuma

Ausbeute: Ungefähr 8 bis 9 Pints

Richtungen:

a) Zucchini- und Zwiebelscheiben mit 1 Zoll Wasser und Salz bedecken. 2 Stunden stehen lassen und gut abtropfen lassen. Essig, Zucker und Gewürze mischen. Zum

Kochen bringen und Zucchini und Zwiebeln hinzufügen. 5 Minuten köcheln lassen und heiße Gläser mit Mischung und Beizlösung füllen, dabei 1/2-Zoll-Kopfraum lassen.

b) Entfernen Sie Luftblasen und passen Sie den Kopfraum bei Bedarf an. Wischen Sie die Ränder der Gläser mit einem feuchten, sauberen Papiertuch ab.

c) Deckel anpassen und verarbeiten.

59. Chayote und Birnen-Relish

Zutaten:

- 3-1/2 Tassen geschälte, gewürfelte Chayote
- 3-1/2 Tassen geschälte, gewürfelte Seckelbirnen
- 2 Tassen gehackte rote Paprika
- 2 Tassen gehackte gelbe Paprika
- 3 Tassen gehackte Zwiebel
- 2 Serrano-Paprika, gehackt
- 2-1/2 Tassen Apfelessig (5%)
- 1-1/2 Tassen Wasser
- 1 Tasse weißer Zucker
- 2 Teelöffel Kochsalz
- 1 Teelöffel gemahlener Piment
- 1 Teelöffel gemahlenes Kürbiskuchengewürz

Ausbeute: Ungefähr 5 Pint-Gläser

Richtungen:

a) Chayote und Birnen waschen, schälen und in 1/2-Zoll-Würfel schneiden, Kerne und Samen entfernen. Zwiebeln und Paprika hacken. Kombinieren Sie Essig, Wasser, Zucker, Salz und Gewürze in einem Schmortopf oder einem großen Topf. Zum Kochen bringen, dabei umrühren, um den Zucker aufzulösen.

b) Fügen Sie gehackte Zwiebeln und Paprika hinzu; wieder zum Kochen bringen und 2 Minuten kochen lassen, dabei gelegentlich umrühren.

c) Fügen Sie gewürfelten Chayote und Birnen hinzu; zum Siedepunkt zurückkehren und die Hitze drehen. Füllen Sie die heißen Feststoffe in heiße Pint-Gläser und lassen Sie 1-Zoll-Kopfraum. Mit kochender Kochflüssigkeit bedecken und 1/2-Zoll-Kopfraum lassen.

d) Entfernen Sie Luftblasen und passen Sie den Kopfraum bei Bedarf an. Wischen Sie die Ränder der Gläser mit einem feuchten, sauberen Papiertuch ab.

e) Deckel anpassen und verarbeiten.

60. Piccalilli

Zutaten:

- 6 Tassen gehackte grüne Tomaten
- 1-1/2 Tassen gehackte süße rote Paprika
- 1-1/2 Tassen gehackte grüne Paprika
- 2-1/4 Tassen gehackte Zwiebeln
- 7-1/2 Tassen gehackter Kohl
- 1/2 Tasse Konserven- oder Pökelsalz
- 3 Esslöffel ganze gemischte Beizgewürze
- 4-1/2 Tassen Essig (5%)
- 3 Tassen brauner Zucker

Ausbeute: Ungefähr 9 halbe Pints

Richtungen:

a) Waschen, hacken und kombinieren Sie Gemüse mit 1/2 Tasse Salz. Mit heißem Wasser bedecken und 12 Stunden stehen lassen. Abtropfen lassen und in ein sauberes weißes Tuch drücken, um alle möglichen Flüssigkeiten zu entfernen. Gewürze in einem Gewürzbeutel locker binden und zu kombiniertem Essig und braunem Zucker geben und in einem Topf zum Kochen bringen.

b) Fügen Sie Gemüse hinzu und kochen Sie es 30 Minuten lang leicht oder bis das Volumen der Mischung um die Hälfte reduziert ist. Gewürzbeutel entfernen.

c) Füllen Sie heiße sterile Gläser mit heißer Mischung und lassen Sie einen Kopfraum von 1/2 Zoll frei.

d) Entfernen Sie Luftblasen und passen Sie den Kopfraum bei Bedarf an. Wischen Sie die Ränder der Gläser mit einem feuchten, sauberen Papiertuch ab.

e) Deckel anpassen und verarbeiten.

61. Gurken-Geschmack

Zutaten:

- 3 Liter gehackte Gurken
- Je 3 Tassen gehackte süße grüne und rote Paprika
- 1 Tasse gehackte Zwiebeln
- 3/4 Tasse Konserven- oder Pökelsalz
- 4 Tassen Eis
- 8 Tassen Wasser
- 2 Tassen Zucker
- Je 4 Teelöffel Senfkörner, Kurkuma, ganzes Piment und ganze Nelken
- 6 Tassen weißer Essig (5%)

Ausbeute: Ungefähr 9 Pints

Richtungen:

a) Gurken, Paprika, Zwiebeln, Salz und Eis ins Wasser geben und 4 Stunden stehen lassen. Gemüse abgießen und eine weitere

Stunde mit frischem Eiswasser bedecken. Wieder abtropfen lassen.

b) Kombinieren Sie Gewürze in einem Gewürz- oder Käsetuchbeutel. Fügen Sie Zucker und Essig Gewürze hinzu. Zum Kochen bringen und die Mischung über das Gemüse gießen.

c) 24 Stunden abdecken und kühl stellen. Die Mischung zum Kochen bringen und heiß in heiße Gläser füllen, dabei 1/2-Zoll-Kopfraum lassen.

d) Entfernen Sie Luftblasen und passen Sie den Kopfraum bei Bedarf an. Wischen Sie die Ränder der Gläser mit einem feuchten, sauberen Papiertuch ab.

e) Deckel anpassen und verarbeiten.

62. Eingelegtes Maisrelish

Zutaten:

- 10 Tassen frischer Vollkornmais
- 2-1/2 Tassen gewürfelte süße rote Paprika
- 2-1/2 Tassen gewürfelte süße grüne Paprika
- 2-1/2 Tassen gehackter Sellerie
- 1-1/4 Tassen gewürfelte Zwiebeln
- 1-3/4 Tassen Zucker
- 5 Tassen Essig (5%)
- 2-1/2 Esslöffel Konserven- oder Pökelsalz
- 2-1/2 Teelöffel Selleriesamen
- 2-1/2 Esslöffel trockener Senf
- 1-1/4 Teelöffel Kurkuma

Ausbeute: Ungefähr 9 Pints

Richtungen:

a) Maiskolben 5 Minuten kochen. In kaltes Wasser tauchen. Schneiden Sie ganze Körner aus dem Kolben oder verwenden Sie sechs 10 Unzen gefrorene Packungen Mais.

b) Paprika, Sellerie, Zwiebeln, Zucker, Essig, Salz und Selleriesamen in einen Topf geben.

c) Aufkochen und 5 Minuten köcheln lassen, dabei gelegentlich umrühren. Senf und Kurkuma in 1/2 Tasse der gekochten Mischung mischen. Fügen Sie diese Mischung und den Mais zu der heißen Mischung hinzu.

d) Weitere 5 Minuten köcheln lassen. Wenn gewünscht, verdicken Sie die Mischung mit Mehlpaste (1/4 Tasse Mehl vermischt in 1/4 Tasse Wasser) und rühren Sie häufig um. Füllen Sie heiße Gläser mit heißer Mischung und lassen Sie 1/2-Zoll-Kopfraum.

e) Entfernen Sie Luftblasen und passen Sie den Kopfraum bei Bedarf an. Wischen Sie die Ränder der Gläser mit einem feuchten, sauberen Papiertuch ab.

f) Deckel anpassen und verarbeiten.

63. Eingelegtes grünes Tomatenrelish

Zutaten:

- 10 Pfund kleine, harte grüne Tomaten
- 1-1/2 Pfund rote Paprika
- 1-1/2 Pfund grüne Paprika
- 2 Pfund Zwiebeln
- 1/2 Tasse Konserven- oder Pökelsalz
- 1 qt Wasser
- 4 Tassen Zucker
- 1 qt Essig (5%)
- 1/3 Tasse zubereiteter gelber Senf
- 2 Esslöffel Maisstärke

Ausbeute: Ungefähr 7 bis 9 Pints

Richtungen:

a) Tomaten, Paprika und Zwiebeln waschen und grob reiben oder hacken. Salz in Wasser auflösen und in einem großen

Wasserkocher über das Gemüse gießen. Zum Kochen bringen und 5 Minuten köcheln lassen. In einem Sieb abtropfen lassen. Gemüse in den Wasserkocher zurückgeben.

b) Zucker, Essig, Senf und Maisstärke hinzufügen. Rühren, um zu mischen. Zum Kochen bringen und 5 Minuten köcheln lassen.

c) Füllen Sie heiße, sterile Pint-Gläser mit heißem Relish und lassen Sie 1/2-Zoll-Kopfraum.

d) Entfernen Sie Luftblasen und passen Sie den Kopfraum bei Bedarf an. Wischen Sie die Ränder der Gläser mit einem feuchten, sauberen Papiertuch ab.

e) Deckel anpassen und verarbeiten.

64. Eingelegte Meerrettichsauce

Zutaten:

- 2 Tassen (3/4 lb) frisch geriebener Meerrettich
- 1 Tasse weißer Essig (5%)
- 1/2 Teelöffel Konserven- oder Pökelsalz
- 1/4 Teelöffel Ascorbinsäure in Pulverform

Ausbeute: Ungefähr 2 halbe Pints

Richtungen:

a) Die Schärfe von frischem Meerrettich lässt auch im Kühlschrank innerhalb von 1 bis 2 Monaten nach. Stellen Sie daher immer nur kleine Mengen her.

b) Meerrettichwurzeln gründlich waschen und die braune Außenhaut schälen. Die geschälten Wurzeln können in einer Küchenmaschine gerieben oder in kleine Würfel geschnitten und durch eine Lebensmittelmühle gegeben werden.

c) Zutaten mischen und in sterile Gläser füllen, dabei 1/4-Zoll-Kopfraum lassen.

d) Gläser fest verschließen und im Kühlschrank aufbewahren.

65. Eingelegter Pfeffer-Zwiebel-Relish

Zutaten:

- 6 Tassen gehackte Zwiebeln
- 3 Tassen gehackte süße rote Paprika
- 3 Tassen gehackte grüne Paprika
- 1-1/2 Tassen Zucker
- 6 Tassen Essig (5%), vorzugsweise weiß destilliert
- 2 Esslöffel Konserven- oder Pökelsalz

Ausbeute: Ungefähr 9 halbe Pints

Richtungen:

a) Gemüse waschen und hacken. Alle Zutaten mischen und leicht kochen, bis die Mischung eindickt und das Volumen um die Hälfte reduziert ist (ca. 30 Minuten).

b) Füllen Sie heiße sterile Gläser mit heißem Relish, lassen Sie 1/2-Zoll-Kopfraum und verschließen Sie sie fest.

c) Im Kühlschrank lagern und innerhalb eines Monats verbrauchen.

66. Würziger Jicama-Relish

Zutaten:

- 9 Tassen gewürfelte Jicama
- 1 Esslöffel ganzes gemischtes Beizgewürz
- 1 5 cm lange Zimtstange
- 8 Tassen weißer Essig (5%)
- 4 Tassen Zucker
- 2 Teelöffel zerdrückte rote Paprika
- 4 Tassen gewürfelte gelbe Paprika
- 4-1/2 Tassen gewürfelte rote Paprika
- 4 Tassen gehackte Zwiebel
- 2 frische Finger-Peperoni (jeweils ca. 15 cm), gehackt und teilweise entkernt

Ausbeute: Ungefähr 7 Pint-Gläser

Richtungen:

a) Achtung: Tragen Sie Plastik- oder Gummihandschuhe und berühren Sie Ihr Gesicht nicht, während Sie Peperoni anfassen oder schneiden. Jicama waschen, schälen und trimmen; Würfel.

b) Legen Sie Beizgewürz und Zimt auf ein sauberes, doppellagiges, 15 cm² großes Stück 100% Baumwoll-Käsetuch.

c) Bringen Sie die Ecken zusammen und binden Sie sie mit einer sauberen Schnur zusammen. (Oder verwenden Sie einen gekauften Musselin-Gewürzbeutel.)

d) Kombinieren Sie in einem 4-Liter-Dutch-Ofen oder einem Topf einen Beizgewürzbeutel, Essig, Zucker und zerdrückten roten Pfeffer. Zum Kochen bringen und umrühren, um den Zucker aufzulösen. Gewürfelte Jicama, Paprika, Zwiebel und Finger-Hots unterrühren. Mischung zum Kochen bringen.

e) Hitze reduzieren und zugedeckt bei mittlerer Hitze etwa 25 Minuten köcheln lassen. Gewürzbeutel entsorgen. Füllen Sie Relish in heiße Pint-Gläser und lassen

Sie 1/2-Zoll-Kopfraum. Mit heißer Beizflüssigkeit bedecken und 1/2-Zoll-Kopfraum lassen.

f) Entfernen Sie Luftblasen und passen Sie den Kopfraum bei Bedarf an. Wischen Sie die Ränder der Gläser mit einem feuchten, sauberen Papiertuch ab.

g) Deckel anpassen und verarbeiten.

67. Würziger Tomatillo-Relish

Zutaten:

- 12 Tassen gehackte Tomaten
- 3 Tassen gehackte Jicama
- 3 Tassen gehackte Zwiebel
- 6 Tassen gehackte Pflaumentomaten
- 1-1/2 Tassen gehackte grüne Paprika
- 1-1/2 Tassen gehackte rote Paprika
- 1-1/2 Tassen gehackte gelbe Paprika
- 1 Tasse Konservensalz
- 2 Liter Wasser
- 6 Esslöffel ganzes gemischtes Beizgewürz
- 1 Esslöffel zerdrückte rote Paprikaseen (optional)
- 6 Tassen Zucker
- 6-1/2 Tassen Apfelessig (5%)

Ausbeute: Ungefähr 6 oder 7 Pints

Richtungen:

a) Tomatillos von den Schalen befreien und gut waschen. Jicama und Zwiebel schälen. Waschen Sie alles Gemüse vor dem Trimmen und Hacken gut.

b) Gehackte Tomatillos, Jicama, Zwiebeln, Tomaten und alle Paprikaschoten in einen 4-Liter-Dutch-Ofen oder einen Topf geben. Einmachsalz in Wasser auflösen. Über das vorbereitete Gemüse gießen. Bis zum Sieden erhitzen; 5 Minuten köcheln lassen.

c) Durch ein mit einem Käsetuch ausgelegtes Sieb gründlich abtropfen lassen (bis kein Wasser mehr durchtropft, ca. 15 bis 20 Minuten).

d) Legen Sie Beizgewürz und optionale rote Paprikaseen auf ein sauberes, doppellagiges, 15 cm² großes Stück

68. Ohne Zuckerzusatz eingelegte Rüben

Zutaten:

- 7 Pfund Rüben mit einem Durchmesser von 2 bis 2 1/2 Zoll
- 4 bis 6 Zwiebeln (2 bis 2 1/2 Zoll Durchmesser), falls gewünscht
- 6 Tassen weißer Essig (5 Prozent)
- 1-1/2 Teelöffel Konserven- oder Pökelsalz
- 2 Tassen Splenda
- 3 Tassen Wasser
- 2 Zimtstangen
- 12 ganze Nelken

Ausbeute: Ungefähr 8 Pints

Richtungen:

a) Schneiden Sie die Rübenspitzen ab und lassen Sie 1 Zoll Stiel und Wurzeln übrig, um ein Ausbluten der Farbe zu verhindern. Gründlich waschen. Nach Größe sortieren.

b) Ähnliche Größen mit kochendem Wasser bedecken und weich kochen (ca. 25 bis 30 Minuten). Achtung: Flüssigkeit abgießen und entsorgen. Kühle Rüben.

c) Trimmen von Wurzeln und Stängeln und Abstreifen der Häute. In 1/4-Zoll-Scheiben schneiden. Zwiebeln schälen, waschen und in dünne Scheiben schneiden.

d) Kombinieren Sie Essig, Salz, Splenda® und 3 Tassen frisches Wasser in einem großen Schmortopf. Zimtstangen und Nelken in einen Käsetuchbeutel binden und zur Essigmischung geben.

e) Zum Kochen bringen. Rüben und Zwiebeln hinzufügen. Kochen

f) 5 Minuten. Gewürzbeutel entfernen. Füllen Sie heiße Rüben und Zwiebelscheiben in heiße Pint-Gläser und lassen Sie 1/2-Zoll-Kopfraum. Mit kochender Essiglösung bedecken und 1/2-Zoll-Kopfraum lassen.

g) Entfernen Sie Luftblasen und passen Sie den Kopfraum bei Bedarf an. Wischen Sie die Ränder der Gläser mit einem feuchten, sauberen Papiertuch ab.

h) Deckel anpassen und verarbeiten.

69. Süße Essiggurke

Zutaten:

- 3-1 / 2 Pfund eingelegte Gurken
- kochendes Wasser, um geschnittene Gurken zu bedecken
- 4 Tassen Apfelessig (5%)
- 1 Tasse Wasser
- 3 Tassen Splenda®
- 1 Esslöffel Kochsalz
- 1 Esslöffel Senfkörner
- 1 Esslöffel ganzer Piment
- 1 Esslöffel Selleriesamen
- 4 1-Zoll-Zimtstangen

Ausbeute: Ungefähr 4 oder 5 Pint-Gläser

Richtungen:

a) Gurken waschen. Schneiden Sie 1/16-Zoll der Blütenenden ab und entsorgen Sie

sie. Gurken in 1/4 Zoll dicke Scheiben schneiden. Die Gurkenscheiben mit kochendem Wasser übergießen und 5 bis 10 Minuten stehen lassen.

b) Das heiße Wasser abgießen und kaltes Wasser über die Gurken gießen. Lassen Sie kaltes Wasser kontinuierlich über die Gurkenscheiben laufen oder wechseln Sie das Wasser häufig, bis die Gurken abgekühlt sind. Scheiben gut abtropfen lassen.

c) Mischen Sie Essig, 1 Tasse Wasser, Splenda® und alle Gewürze in einem 10-Liter-Dutch-Ofen oder Suppentopf. Zum Kochen bringen. Abgetropfte Gurkenscheiben vorsichtig in die kochende Flüssigkeit geben und erneut aufkochen.

d) Gib nach Belieben eine Zimtstange in jedes leere heiße Glas. Füllen Sie heiße Gurkenscheiben in heiße Pint-Gläser und lassen Sie 1/2-Zoll-Kopfraum. Mit kochender Salzlake bedecken und dabei 1/2-Zoll-Kopfraum lassen.

e) Entfernen Sie Luftblasen und passen Sie den Kopfraum bei Bedarf an. Wischen Sie die Ränder der Gläser mit einem feuchten, sauberen Papiertuch ab.

f) Deckel anpassen und verarbeiten.

70. Sverlauste Dillgurken

Zutaten:

- 4 Pfund (3 bis 5 Zoll) Beizgurken
- 6 Tassen Essig (5%)
- 6 Tassen Zucker
- 2 Esslöffel Konserven- oder Pökelsalz
- 1-1/2 Teelöffel Selleriesamen
- 1-1/2 Teelöffel Senfkörner
- 2 große Zwiebeln, in dünne Scheiben geschnitten
- 8 Köpfe frischer Dill

Ausbeute: Ungefähr 8 Pints

Richtungen:

a) Gurken waschen. Schneiden Sie eine 1/16-Zoll-Scheibe vom Blütenende ab und entsorgen Sie sie. Gurken in 1/4-Zoll-Scheiben schneiden. Kombinieren Sie Essig, Zucker, Salz, Sellerie und

Senfkörner in einem großen Topf. Mischung zum Kochen bringen.

b) Legen Sie 2 Zwiebelscheiben und 1/2 Dillkopf auf den Boden jedes heißen Pintglases. Füllen Sie heiße Gläser mit Gurkenscheiben und lassen Sie 1/2-Zoll-Kopfraum.

c) 1 Zwiebelscheibe und 1/2 Dillkopf darüber geben. Gießen Sie heiße Beizlösung über die Gurken und lassen Sie einen Luftraum von 1/4 Zoll frei.

d) Entfernen Sie Luftblasen und passen Sie den Kopfraum bei Bedarf an. Wischen Sie die Ränder der Gläser mit einem feuchten, sauberen Papiertuch ab.

e) Deckel anpassen und verarbeiten.

71. Sverlauste süße Gurken

Zutaten:

- 4 Pfund (3 bis 4 Zoll) Beizgurken

Salzlösung:

- 1 qt destillierter weißer Essig (5%)
- 1 Esslöffel Konserven- oder Pökelsalz
- 1 Esslöffel Senfkörner
- 1/2 Tasse Zucker

Dosensirup:

- 1-2/3 Tassen destillierter weißer Essig (5%)
- 3 Tassen Zucker
- 1 Esslöffel ganzer Piment
- 2-1/4 Teelöffel Selleriesamen

Ausbeute: Ungefähr 4 bis 5 Pints

Richtungen:

a) Gurken waschen und 1/16 Zoll Blütenende abschneiden und entsorgen. Gurken in 1/4-Zoll-Scheiben schneiden. Alle Zutaten für den Einmachsirup in einen Topf geben und zum Kochen bringen. Halten Sie den Sirup bis zur Verwendung heiß.

b) Mischen Sie in einem großen Wasserkocher die Zutaten für die Salzlösung. Die geschnittenen Gurken hinzufügen, zudecken und köcheln lassen, bis die Gurken ihre Farbe von hellgrün nach mattgrün ändern (ca. 5 bis 7 Minuten). Gurkenscheiben abtropfen lassen.

c) Füllen Sie heiße Gläser und bedecken Sie sie mit heißem Konservensirup, wobei Sie 1/2-Zoll-Kopfraum lassen.

d) Entfernen Sie Luftblasen und passen Sie den Kopfraum bei Bedarf an. Wischen Sie die Ränder der Gläser mit einem feuchten, sauberen Papiertuch ab.

e) Deckel anpassen und verarbeiten.

Konfitüren und Gelees

72. Apfelmarmelade

Zutaten:

- 2 Tassen geschälte, entkernte und gehackte Birnen
- 1 Tasse geschälte, entkernte und gehackte Äpfel
- 6-1/2 Tassen Zucker
- 1/4 Teelöffel gemahlener Zimt
- 1/3 Tasse Zitronensaft in Flaschen
- 6 Unzen flüssiges Pektin

Ausbeute: Ungefähr 7 bis 8 halbe Pints

Richtungen:

a) Äpfel und Birnen in einem großen Topf zerdrücken und Zimt unterrühren.

b) Zucker und Zitronensaft gründlich mit den Früchten mischen und bei starker Hitze unter ständigem Rühren zum Kochen bringen. Pektin sofort einrühren. Zum vollständigen Kochen bringen und 1

Minute unter ständigem Rühren hart kochen.

c) Vom Herd nehmen, Schaum schnell abschöpfen und sterile Gläser füllen, die 1/4-Zoll-Kopfraum lassen. Wischen Sie die Ränder der Gläser mit einem feuchten, sauberen Papiertuch ab.

d) Deckel anpassen und verarbeiten.

73. Erdbeer-Rhabarber-Gelee

Zutaten:

- 1-1/2 Pfund rote Rhabarberstängel
- 1-1/2 Liter reife Erdbeeren
- 1/2 Teelöffel Butter oder Margarine, um die Schaumbildung zu reduzieren (optional)
- 6 Tassen Zucker
- 6 Unzen flüssiges Pektin

Ausbeute: Ungefähr 7 halbe Pints

Richtungen:

a) Rhabarber waschen und in 1-Zoll-Stücke schneiden und mischen oder mahlen. Erdbeeren waschen, entstielen und schichtweise in einem Topf zerdrücken.

b) Beide Früchte in einen Geleebeutel oder ein doppeltes Käsetuch geben und den Saft vorsichtig auspressen. Messen Sie 3-1/2 Tassen Saft in einen großen Topf.

Butter und Zucker hinzufügen und gründlich mit dem Saft vermischen.

c) Bei starker Hitze unter ständigem Rühren zum Kochen bringen. Pektin sofort einrühren. Zum vollständigen Kochen bringen und 1 Minute unter ständigem Rühren hart kochen.

d) Vom Herd nehmen, Schaum schnell abschöpfen und sterile Gläser füllen, dabei 1/4-Zoll-Kopfraum lassen. Wischen Sie die Ränder der Gläser mit einem feuchten, sauberen Papiertuch ab.

e) Deckel anpassen und verarbeiten.

74. Blaubeer-Gewürz-Marmelade

Zutaten:

- 2 1/2 Pints reife Blaubeeren
- 1 Esslöffel Zitronensaft
- 1/2 Teelöffel gemahlene Muskatnuss oder Zimt
- 5-1/2 Tassen Zucker
- 3/4 Tasse Wasser
- 1 Schachtel (1-3/4 oz) Pektinpulver

Ausbeute: Ungefähr 5 halbe Pints

Richtungen:

a) Blaubeeren waschen und schichtweise in einem Topf gründlich zerdrücken. Zitronensaft, Gewürze und Wasser hinzufügen. Pektin einrühren und bei starker Hitze unter häufigem Rühren zum Kochen bringen.

b) Fügen Sie den Zucker hinzu und kehren Sie zu einem vollen Kochen zurück. 1

Minute unter ständigem Rühren hart kochen.

c) Vom Herd nehmen, Schaum schnell abschöpfen und sterile Gläser füllen, dabei 1/4-Zoll-Kopfraum lassen. Wischen Sie die Ränder der Gläser mit einem feuchten, sauberen Papiertuch ab.

d) Deckel anpassen und verarbeiten.

75. Trauben-Pflaumen-Gelee

Zutaten:

- 3-1/2 Pfund reife Pflaumen
- 3 Pfund reife Concord-Trauben
- 1 Tasse Wasser
- 1/2 Teelöffel Butter oder Margarine, um die Schaumbildung zu reduzieren (optional)
- 8-1/2 Tassen Zucker
- 1 Schachtel (1-3/4 oz) Pektinpulver

Ausbeute: Ungefähr 10 halbe Pints

Richtungen:

a) Pflaumen waschen und entsteinen; nicht schälen. Die Pflaumen und Weintrauben Schicht für Schicht in einem Topf mit Wasser gründlich zerdrücken. Zum Kochen bringen, abdecken und 10 Minuten köcheln lassen.

b) Saft durch einen Geleebeutel oder eine doppelte Lage Käsetuch abseihen. Zucker abmessen und beiseite stellen.

c) Kombinieren Sie 6-1/2 Tassen Saft mit Butter und Pektin in einem großen Topf. Bei starker Hitze unter ständigem Rühren zum Kochen bringen. Fügen Sie den Zucker hinzu und kehren Sie zu einem vollen Kochen zurück. 1 Minute unter ständigem Rühren hart kochen.

d) Vom Herd nehmen, Schaum schnell abschöpfen und sterile Gläser füllen, dabei 1/4-Zoll-Kopfraum lassen. Wischen Sie die Ränder der Gläser mit einem feuchten, sauberen Papiertuch ab.

e) Deckel anpassen und verarbeiten.

76. Gelee aus goldenem Pfeffer

Zutaten:

- 5 Tassen gehackte gelbe Paprika
- ½ Tasse gehackte Serrano-Chilischoten
- 1-1 / 2 Tassen weißer destillierter Essig (5%)
- 5 Tassen Zucker
- 1 Beutel (3 oz.) flüssiges Pektin

Ausbeute: Ungefähr 5 halbe Pint-Gläser

Richtungen:

a) Alle Paprikaschoten gründlich waschen; Stiele und Kerne der Paprika entfernen. Legen Sie süße und scharfe Paprika in einen Mixer oder eine Küchenmaschine.

b) Fügen Sie genug Essig hinzu, um die Paprika zu pürieren, und pürieren Sie dann. Kombinieren Sie das Pfeffer-Essig-Püree und den restlichen Essig in einen 8- oder 10-Liter-Topf. Zum Kochen bringen; dann 10 Minuten kochen, um Aromen und Farbe zu extrahieren.

c) Vom Herd nehmen und durch einen Geleebeutel in eine Schüssel abseihen. (Der Gummibeutel wird bevorzugt; es können auch mehrere Lagen Käsetuch verwendet werden.)

d) Messen Sie 2-1/4 Tassen des abgesiebten Pfeffer-Essig-Safts zurück in den Topf. Zucker einrühren, bis er sich aufgelöst hat, und die Mischung zum Kochen bringen. Fügen Sie das Pektin hinzu, kehren Sie zu einem vollen Kochen zurück und kochen Sie 1 Minute lang unter ständigem Rühren.

e) Vom Herd nehmen, Schaum schnell abschöpfen und in sterile Gläser füllen, dabei 1/4-Zoll-Kopfraum lassen. Wischen Sie die Ränder der Gläser mit einem feuchten, sauberen Papiertuch ab.

f) Deckel anpassen und verarbeiten.

77. Pfirsich-Ananas-Aufstrich

Zutaten:

- 4 Tassen abgetropftes Pfirsichmark
- 2 Tassen abgetropfte ungesüßte, zerkleinerte Ananas
- 1/4 Tasse Zitronensaft in Flaschen
- 2 Tassen Zucker (optional)

Ausbeute: 5 bis 6 halbe Pints

Richtungen:

a) Waschen Sie 4 bis 6 Pfund feste, reife Pfirsiche gründlich. Gut abtropfen lassen. Schälen und entfernen Sie die Gruben. Fruchtfleisch mit einer mittelgroßen oder groben Klinge zerkleinern oder mit einer Gabel zerdrücken (keinen Mixer verwenden).

b) Gemahlene oder zerdrückte Früchte in einen 2-Liter-Topf geben. Unter ständigem Rühren langsam erhitzen, bis der Saft freigesetzt wird, bis die Frucht zart ist.

c) Legen Sie die gekochten Früchte in einen Geleebeutel oder ein Sieb, das mit vier Lagen Käsetuch ausgelegt ist. Lassen Sie den Saft etwa 15 Minuten abtropfen. Bewahren Sie den Saft für Gelee oder andere Zwecke auf.

d) Messen Sie 4 Tassen abgetropftes Fruchtfleisch ab, um den Aufstrich zu machen. Kombinieren Sie die 4 Tassen Fruchtfleisch, Ananas und Zitronensaft in einem 4-Liter-Topf. Nach Belieben bis zu 2 Tassen Zucker hinzufügen und gut mischen. Erhitzen und 10 bis 15 Minuten leicht kochen lassen, dabei genug umrühren, um ein Ankleben zu verhindern.

e) Füllen Sie heiße Gläser schnell und lassen Sie einen Kopfraum von 1/4 Zoll frei. Wischen Sie die Ränder der Gläser mit einem feuchten, sauberen Papiertuch ab.

f) Deckel anpassen und verarbeiten.

78. Gekühlter Apfelaufstrich

Zutaten:

- 2 Esslöffel geschmacksneutrales Gelatinepulver
- 1 qt Flasche ungesüßter Apfelsaft
- 2 Esslöffel Zitronensaft in Flaschen
- 2 EL flüssiger kalorienarmer Süßstoff Lebensmittelfarbe, falls gewünscht

Ausbeute: 4 halbe Pints

Richtungen:

a) In einem Topf die Gelatine im Apfel- und Zitronensaft aufweichen. Um Gelatine aufzulösen, zum vollständigen Kochen bringen und 2 Minuten kochen lassen. Vom Herd nehmen. Nach Belieben Süßstoff und Lebensmittelfarbe einrühren.

b) Füllen Sie Gläser und lassen Sie 1/4-Zoll-Kopfraum. Wischen Sie die Ränder der Gläser mit einem feuchten, sauberen

Papiertuch ab. Deckel anpassen. Nicht verarbeiten oder einfrieren.

c) Im Kühlschrank lagern und innerhalb von 4 Wochen verbrauchen.

79. Kühlschrank-Traubenaufstrich

Zutaten:

- 2 Esslöffel geschmacksneutrales Gelatinepulver
- 1 Flasche (24 oz) ungesüßter Traubensaft
- 2 Esslöffel Zitronensaft in Flaschen
- 2 Esslöffel flüssiger kalorienarmer Süßstoff

Ausbeute: 3 halbe Pints

Richtungen:

a) In einem Topf die Gelatine im Trauben- und Zitronensaft aufweichen. Zum vollständigen Kochen bringen, um Gelatine aufzulösen. 1 Minute kochen und vom Herd nehmen. Süßstoff einrühren.

b) Füllen Sie heiße Gläser schnell und lassen Sie einen Kopfraum von 1/4 Zoll frei. Wischen Sie die Ränder der Gläser mit einem feuchten, sauberen Papiertuch ab.

c) Deckel anpassen. Nicht verarbeiten oder einfrieren.

d) Im Kühlschrank lagern und innerhalb von 4 Wochen verbrauchen.

80. Apfelgelee ohne Pektinzusatz

Zutaten:

- 4 Tassen Apfelsaft
- 2 EL abgesiebter Zitronensaft, falls gewünscht
- 3 Tassen Zucker

Ergibt 4 bis 5 halbe Pint-Gläser.

Richtungen:

a) Saft zubereiten. Verwenden Sie ein Verhältnis von einem Viertel unterreifer Äpfel zu drei Vierteln von vollreifen herben Früchten.

b) Stiel- und Blütenenden sortieren, waschen und entfernen; nicht parieren oder entkernen. Äpfel in kleine Stücke schneiden. Wasser hinzufügen, zudecken und bei starker Hitze zum Kochen bringen. Hitze reduzieren und 20 bis 25 Minuten köcheln lassen oder bis die Äpfel weich sind. Saft extrahieren.

c) Gelee zu machen. Apfelsaft in einen Wasserkocher abmessen. Zitronensaft und Zucker dazugeben und gut verrühren. Bei starker Hitze auf 8 °F über dem Siedepunkt von Wasser kochen oder bis die Geleemischung von einem Löffel in ein Blatt fällt.

d) Vom Herd nehmen; Schaum schnell abschöpfen. Gießen Sie Gelee sofort in heiße, sterile Einmachgläser bis zu $\frac{1}{4}$ Zoll von oben. Verschließen und 5 Minuten im kochenden Wasserbad verarbeiten.

81. Apfelmarmelade ohne Pektinzusatz

Zutaten:

- 8 Tassen dünn geschnittene Äpfel
- 1 Orange
- 1½ Tassen Wasser

- 5 Tassen Zucker
- 2 Esslöffel Zitronensaft

Richtungen:

a) Obst zubereiten. Wählen Sie säuerliche Äpfel. Äpfel waschen, schälen, vierteln und entkernen. dünn aufschneiden. Orange vierteln, entkernen und sehr dünn schneiden.

b) Marmelade zu machen. Wasser und Zucker erhitzen, bis sich der Zucker aufgelöst hat. Zitronensaft und Obst hinzufügen. Kochen Sie schnell, rühren Sie ständig um, bis 9 ° F über dem Siedepunkt von Wasser oder bis die

Mischung eindickt. Vom Herd nehmen; überfliegen.

c) Sofort in heiße, sterile Einmachgläser bis $\frac{1}{2}$ Zoll von der Oberseite gießen. Siegel. 5 Minuten im kochenden Wasserbad verarbeiten.

d) Ergibt 6 oder 7 halbe Pint-Gläser.

82. Brombeergelee ohne Pektinzusatz

Zutaten:

- 8 Tassen Brombeersaft
- 6 Tassen Zucker

Richtungen:

a) Saft zubereiten. Wählen Sie ein Verhältnis von einem Viertel der unterreifen Beeren zu drei Viertel der reifen Früchte. Sortieren und waschen; Entfernen Sie alle Stiele oder Kappen. Beeren zerdrücken, Wasser hinzufügen, zudecken und bei starker Hitze zum Kochen bringen. Hitze reduzieren und 5 Minuten köcheln lassen. Saft extrahieren.

b) Gelee zu machen. Saft in einen Wasserkocher abmessen. Zucker hinzufügen und gut verrühren. Bei starker Hitze auf 8 ° F über dem Siedepunkt von Wasser kochen oder bis die Geleemischung von einem Löffel in ein Blatt fällt.

c) Vom Herd nehmen; Schaum schnell abschöpfen. Gießen Sie Gelee sofort in heiße, sterile Einmachgläser bis zu $\frac{1}{4}$ Zoll von oben. Verschließen und 5 Minuten in einem kochenden Wasserbad verarbeiten.

Ergibt 7 oder 8 halbe Pint-Gläser.

83. Kirschgelee mit Pektinpulver

Zutaten:

- 3 ½ Tassen Kirschsaft
- 1 Packung Pektinpulver
- 4 ½ Tassen Zucker

Richtungen:

a) Saft zubereiten. Wählen Sie vollreife Kirschen aus. Stiele sortieren, waschen und entfernen; nicht graben. Kirschen zerdrücken, Wasser hinzufügen, zudecken, bei starker Hitze aufkochen. Hitze reduzieren und 10 Minuten köcheln lassen. Saft extrahieren.

b) Gelee zu machen. Saft in einen Wasserkocher abmessen. Pektin hinzufügen und gut umrühren. Auf hoher Hitze erhitzen und unter ständigem Rühren schnell zu einem vollen, nicht herunterzurührenden Siedepunkt bringen.

c) Fügen Sie Zucker hinzu, rühren Sie weiter und erhitzen Sie es erneut, bis es voll aufkocht. 1 Minute hart kochen.

d) Vom Herd nehmen; Schaum schnell abschöpfen. Gießen Sie Gelee sofort in heiße, sterile Einmachgläser bis zu $\frac{1}{4}$ Zoll von der Oberseite. Verschließen und 5 Minuten in einem kochenden Wasserbad verarbeiten.

Ergibt ungefähr sechs 8-Unzen-Gläser.

84. Kirschmarmelade mit Pektinpulver

Zutaten:

- 4 Tassen gemahlene entkernte Kirschen
- 1 Packung Pektinpulver
- 5 Tassen Zucker

Richtungen:

a) Obst zubereiten. Vollreife Kirschen sortieren und waschen; Stiele und Kerne entfernen. Kirschen mahlen oder fein hacken.

b) Marmelade zu machen. Messen Sie die vorbereiteten Kirschen in einen Wasserkocher. Pektin hinzufügen und gut umrühren. Auf hoher Hitze erhitzen und unter ständigem Rühren schnell mit Bläschen auf der gesamten Oberfläche zum Kochen bringen.

c) Fügen Sie Zucker hinzu, rühren Sie weiter und erhitzen Sie es erneut, bis es sprudelt. 1 Minute unter ständigem Rühren hart kochen. Von der Hitze nehmen; überfliegen.

d) Sofort in heiße, sterile Einmachgläser bis $\frac{1}{4}$ Zoll von oben gießen. Verschließen und 5 Minuten im kochenden Wasserbad verarbeiten.

Ergibt 6 halbe Pint-Gläser.

85. Feigenmarmelade mit flüssigem Pektin

Zutaten:

- 4 Tassen zerkleinerte Feigen (ungefähr 3 Pfund Feigen)
- $\frac{1}{2}$ Tasse Zitronensaft
- 7 $\frac{1}{2}$ Tassen Zucker
- $\frac{1}{2}$ Flasche flüssiges Pektin

Richtungen:

a) Obst zubereiten. Vollreife Feigen sortieren und waschen; Stielenden entfernen. Früchte zerkleinern oder mahlen.

b) Marmelade zu machen. Gehackte Feigen und Zitronensaft in einen Wasserkocher geben. Zucker hinzufügen und gut verrühren. Auf hohe Hitze stellen und unter ständigem Rühren schnell mit Blasen über der gesamten Oberfläche zum Kochen bringen. 1 Minute unter ständigem Rühren hart kochen.

c) Vom Herd nehmen. Pektin einrühren. Schaum schnell abschöpfen. Sofort in heiße, sterile Einmachgläser bis $\frac{1}{4}$ Zoll von oben gießen. Verschließen und 5 Minuten im kochenden Wasserbad verarbeiten.

Ergibt ungefähr 9 halbe Pint-Gläser.

86. Traubengelee mit Pektinpulver

Zutaten:

- 5 Tassen Traubensaft
- 1 Packung Pektinpulver
- 7 Tassen Zucker

Richtungen:

a) Saft zubereiten. Sortieren, waschen und die Stiele von vollreifen Trauben entfernen. Trauben zerdrücken, Wasser hinzufügen, zudecken und bei starker Hitze zum Kochen bringen. Hitze reduzieren und 10 Minuten köcheln lassen. Saft extrahieren..

b) Gelee zu machen. Saft in einen Wasserkocher abmessen. Pektin hinzufügen und gut umrühren. Auf hoher Hitze erhitzen und unter ständigem Rühren schnell zu einem vollen, nicht herunterzurührenden Siedepunkt bringen.

c) Fügen Sie Zucker hinzu, rühren Sie weiter und bringen Sie es erneut zum Kochen. 1 Minute hart kochen.

d) Vom Herd nehmen; Schaum schnell abschöpfen. Gießen Sie Gelee sofort in heiße, sterile Einmachgläser bis zu $\frac{1}{4}$ Zoll von der Oberseite. Verschließen und 5 Minuten im kochenden Wasserbad verarbeiten.

Ergibt 8 oder 9 halbe Pint-Gläser.

87. Minz-Ananas-Marmelade mit flüssigem Pektin

Zutaten:

- Ein 20-Unzen. kann zerdrückte Ananas $\frac{3}{4}$ Tasse Wasser
- $\frac{1}{4}$ Tasse Zitronensaft
- 7 $\frac{1}{2}$ Tassen Zucker
- 1 Flasche flüssiges Pektin $\frac{1}{2}$ Teelöffel Minzextrakt Einige Tropfen grüne Farbe

Richtungen:

a) Gemahlene Ananas in einen Wasserkocher geben. Wasser, Zitronensaft und Zucker hinzufügen. Gut umrühren.

b) Bei starker Hitze unter ständigem Rühren schnell aufkochen mit Blasen über der gesamten Oberfläche. 1 Minute unter ständigem Rühren hart kochen. Vom Herd nehmen; fügen Sie Pektin, Aromaextrakt und Farbstoff hinzu. Überfliegen.

c) Sofort in heiße, sterile Einmachgläser bis $\frac{1}{4}$ Zoll von oben gießen. Verschließen und 5 Minuten im kochenden Wasserbad verarbeiten.

Ergibt 9 oder 10 halbe Pint-Gläser.

88. Gemischtes Fruchtgelee mit flüssigem Pektin

Zutaten:

- 2 Tassen Cranberrysaft
- 2 Tassen Quittensaft
- 1 Tasse Apfelsaft
- 7 ½ Tassen Zucker
- ½ Flasche flüssiges Pektin

Richtungen:

a) Obst zubereiten. Vollreife Cranberries sortieren und waschen. Wasser hinzufügen, zudecken und bei starker Hitze zum Kochen bringen. Hitze reduzieren und 20 Minuten köcheln lassen. Saft extrahieren.

b) Quitte sortieren und waschen. Stiel- und Blütenenden entfernen; nicht parieren oder entkernen. Sehr dünn aufschneiden oder in kleine Stücke schneiden. Wasser hinzufügen, zudecken und bei starker Hitze zum Kochen bringen. Hitze reduzieren und 25 Minuten köcheln lassen. Saft extrahieren.

c) Äpfel sortieren und waschen. Stiel- und Blütenenden entfernen; nicht parieren oder entkernen. In kleine Stücke schneiden. Wasser hinzufügen, zudecken und bei starker Hitze zum Kochen bringen. Hitze reduzieren und 20 Minuten köcheln lassen. Saft extrahieren.

d) Gelee zu machen. Säfte in einen Wasserkocher abmessen. Zucker einrühren. Auf hoher Hitze erhitzen und unter ständigem Rühren schnell zu einem vollen, rollenden Kochen bringen, das nicht heruntergerührt werden kann.

e) Fügen Sie Pektin hinzu und kehren Sie zu einem vollen, rollenden Kochen zurück. 1 Minute hart kochen.

f) Vom Herd nehmen; Schaum schnell abschöpfen. Gießen Sie Gelee sofort in heiße, sterile Einmachgläser bis zu $\frac{1}{4}$ Zoll von der Oberseite. Verschließen und 5 Minuten in einem kochenden Wasserbad verarbeiten.

Ergibt neun oder zehn 8-Unzen-Gläser.

89. Orangengelee

Zutaten:

- 3 ¼ Tassen Zucker
- 1 Tasse Wasser
- 3 Esslöffel Zitronensaft ½ Flasche flüssiges Pektin
- Eine 6-Unzen-Dose (¾ Tasse) gefrorener konzentrierter Orangensaft

Richtungen:

a) Zucker in das Wasser einrühren. Auf hoher Hitze erhitzen und unter ständigem Rühren schnell zu einem vollen, rollenden Kochen bringen, das nicht heruntergerührt werden kann.

b) Zitronensaft hinzufügen. 1 Minute hart kochen.

c) Vom Herd nehmen. Pektin einrühren. Aufgetauten konzentrierten Orangensaft hinzufügen und gut vermischen.

d) Gießen Sie Gelee sofort in heiße, sterile Einmachgläser bis zu $\frac{1}{4}$ Zoll von der Oberseite. Verschließen und 5 Minuten im kochenden Wasserbad verarbeiten.

Ergibt 4 oder 5 halbe Pint-Gläser.

90. Gewürztes Orangengelee

Zutaten:

- 2 Tassen Orangensaft
- 1/3 Tasse Zitronensaft
- 2/3 Tasse Wasser
- 1 Packung Pektinpulver
- 2 Esslöffel Orangenschale, gehackt
- 1 Teelöffel ganzer Piment
- ½ Teelöffel ganze Nelken
- 4 Stangen Zimt, 5 cm lang
- 3 ½ Tassen Zucker

Richtungen:

a) Orangensaft, Zitronensaft und Wasser in einem großen Topf mischen.

b) Pektin einrühren.

c) Orangenschale, Piment, Nelken und Zimtstangen locker in ein sauberes weißes Tuch geben, mit einer Schnur zusammenbinden und die Fruchtmischung hinzufügen.

d) Auf hoher Hitze erhitzen und unter ständigem Rühren schnell zu einem vollen, rollenden Kochen bringen, das nicht heruntergerührt werden kann.

e) Fügen Sie Zucker hinzu, rühren Sie weiter und erhitzen Sie es erneut bis zu einem vollen, rollenden Kochen. 1 Minute hart kochen.

f) Vom Herd nehmen. Gewürzbeutel entfernen und Schaum schnell abschöpfen. Gießen Sie Gelee sofort in heiße, sterile Einmachgläser bis zu $\frac{1}{4}$ Zoll von oben. Verschließen und 5 Minuten in einem kochenden Wasserbad verarbeiten.

Ergibt 4 halbe Pint-Gläser.

91. Orangenmarmelade

Zutaten:

- ¾ Tasse Grapefruitschale (½ Grapefruit)
- ¾ Tasse Orangenschale (1 Orange)
- 13/ Tasse Zitronenschale (1 Zitrone)
- 1 Liter kaltes Wasser
- Fruchtfleisch von 1 Grapefruit
- Fruchtfleisch von 4 mittelgroßen Orangen
- 2 Tassen Zitronensaft
- 2 Tassen kochendes Wasser
- 3 Tassen Zucker

Richtungen:

a) Obst zubereiten. Obst waschen und schälen. Schale in dünne Streifen schneiden. Kaltes Wasser hinzufügen und in einer abgedeckten Pfanne köcheln lassen, bis sie weich ist (ca. 30 Minuten). Abfluss.

b) Entfernen Sie Kerne und Haut von geschälten Früchten. Obst in kleine Stücke schneiden.

c) Marmelade zu machen. Fügen Sie kochendes Wasser hinzu, um Schalen und Früchte zu schälen. Fügen Sie Zucker hinzu und kochen Sie schnell auf 9 °F über dem Siedepunkt von Wasser (ca. 20 Minuten), wobei Sie häufig umrühren. Vom Herd nehmen; überfliegen.

d) Sofort in heiße, sterile Einmachgläser bis $\frac{1}{4}$ Zoll von oben gießen. Verschließen und 5 Minuten im kochenden Wasserbad verarbeiten.

Ergibt 3 oder 4 halbe Pint-Gläser.

92. Aprikosen-Orangen-Konfitüre

Zutaten:

- 3 ½ Tassen gehackte abgetropfte Aprikosen
- 1 ½ Tassen Orangensaft
- Schale von ½ Orange, zerkleinert
- 2 Esslöffel Zitronensaft
- 3 ¼ Tassen Zucker
- ½ Tasse gehackte Nüsse

Richtungen:

a) Zur Zubereitung von getrockneten Aprikosen. Aprikosen in 3 Tassen Wasser offen kochen, bis sie weich sind (ca. 20 Minuten); abtropfen lassen und hacken.

b) Um zu sparen. Alle Zutaten außer Nüssen mischen. Unter ständigem Rühren auf 9 ° F über dem Siedepunkt von Wasser oder bis zur Dicke kochen. Nüsse hinzufügen; gut umrühren. Vom Herd nehmen; überfliegen.

c) Sofort in heiße, sterile Einmachgläser bis $\frac{1}{4}$ Zoll von oben gießen. Verschließen und 5 Minuten im kochenden Wasserbad verarbeiten.

Ergibt ungefähr 5 halbe Pint-Gläser.

93. Pfirsichmarmelade mit Pektinpulver

Zutaten:

- 3 ¾ Tassen zerdrückte Pfirsiche
- ½ Tasse Zitronensaft
- 1 Packung Pektinpulver
- 5 Tassen Zucker

Richtungen:

a) Obst zubereiten. Vollreife Pfirsiche sortieren und waschen. Stiele, Häute und Kerne entfernen. Pfirsiche zerdrücken.

b) Marmelade zu machen. Zerkleinerte Pfirsiche in einen Wasserkocher geben. Zitronensaft und Pektin hinzufügen; gut umrühren. Auf hohe Hitze stellen und unter ständigem Rühren schnell mit Blasen über der gesamten Oberfläche zum Kochen bringen.

c) Fügen Sie Zucker hinzu, rühren Sie weiter und erhitzen Sie es erneut bis zu einem vollen, sprudelnden Kochen. 1 Minute unter ständigem Rühren hart kochen. Vom Herd nehmen; überfliegen.

d) Sofort in heiße, sterile Einmachgläser bis ¼ Zoll von oben gießen. Verschließen und 5 Minuten im kochenden Wasserbad verarbeiten.

Ergibt ungefähr 6 halbe Pint-Gläser.

94. Gewürzte Blaubeer-Pfirsich-Marmelade

Zutaten:

- 4 Tassen gehackte oder gemahlene Pfirsiche
- 4 Tassen Blaubeeren
- 2 Esslöffel Zitronensaft
- $\frac{1}{2}$ Tasse Wasser
- 5 $\frac{1}{2}$ Tassen Zucker
- $\frac{1}{2}$ Teelöffel Salz
- 1 Stange Zimt
- $\frac{1}{2}$ Teelöffel ganze Nelken
- $\frac{1}{4}$ Teelöffel ganzer Piment

Richtungen:

a) Obst zubereiten. Vollreife Pfirsiche sortieren und waschen; schälen und entkernen. Pfirsiche hacken oder mahlen.

b) Sortiere, wasche und entferne alle Stiele von frischen Blaubeeren.

c) Gefrorene Beeren auftauen.

d) Marmelade zu machen. Früchte in einen Wasserkocher abmessen; Zitronensaft und Wasser hinzufügen. Abdecken, aufkochen und 10 Minuten köcheln lassen, dabei gelegentlich umrühren.

e) Zucker und Salz hinzufügen; gut umrühren. Fügen Sie Gewürze hinzu, die in einem Käsetuch gebunden sind. Kochen Sie unter ständigem Rühren schnell auf 9 °F über dem Siedepunkt von Wasser oder bis die Mischung eindickt.

f) Sofort in heiße, sterile Einmachgläser bis $\frac{1}{4}$ Zoll von oben gießen. Verschließen und 5 Minuten im kochenden Wasserbad verarbeiten.

Ergibt 6 oder 7 halbe Pint-Gläser.

95. Pfirsich-Orangen-Marmelade

Zutaten:

- 5 Tassen gehackte oder gemahlene Pfirsiche
- 1 Tasse gehackte oder gemahlene Orangen

Richtungen:

a) Schale von 1 Orange, zerkleinert 2 Esslöffel Zitronensaft 6 Tassen Zucker

b) Obst zubereiten. Vollreife Pfirsiche sortieren und waschen. Pfirsiche hacken oder mahlen.

c) Entfernen Sie die Schale, den weißen Teil und die Kerne von Orangen.

d) Hacken oder mahlen Sie das Fruchtfleisch.

e) Marmelade zu machen. Messen Sie die vorbereiteten Früchte in einen Wasserkocher. Restliche Zutaten dazugeben und gut verrühren. Kochen Sie schnell und rühren Sie ständig bis 9 °

F über dem Siedepunkt von Wasser oder bis die Mischung eindickt. Vom Herd nehmen; überfliegen.

f) Sofort in heiße, sterile Einmachgläser bis $\frac{1}{4}$ Zoll von oben gießen. Verschließen und 5 Minuten im kochenden Wasserbad verarbeiten.

Ergibt 6 oder 7 halbe Pint-Gläser.

96. Ananasmarmelade mit flüssigem Pektin

Zutaten:

- Eine 20-Unzen-Dose zerkleinerte Ananas
- 3 Esslöffel Zitronensaft
- 3 $\frac{1}{4}$ Tassen Zucker
- $\frac{1}{2}$ Flasche flüssiges Pektin

Richtungen:

a) Ananas und Zitronensaft in einen Wasserkocher geben. Zucker hinzufügen und gut verrühren. Auf hohe Hitze stellen und unter ständigem Rühren schnell mit Blasen über der gesamten Oberfläche zum Kochen bringen.

b) 1 Minute unter ständigem Rühren hart kochen.

c) Vom Herd nehmen; Pektin einrühren. Überfliegen.

d) 5 Minuten stehen lassen.

e) Sofort in heiße, sterile Einmachgläser bis $\frac{1}{4}$ Zoll von oben gießen.

f) Verschließen und 5 Minuten im kochenden Wasserbad verarbeiten.

Ergibt 4 oder 5 halbe Pint-Gläser.

97. Pflaumengelee mit flüssigem Pektin

Zutaten:

- 4 Tassen Pflaumensaft
- 7 ½ Tassen Zucker
- ½ Flasche flüssiges Pektin

Richtungen:

a) Saft zubereiten. Vollreife Pflaumen sortieren, waschen und in Stücke schneiden; nicht schälen oder entkernen. Früchte zerdrücken, Wasser hinzufügen, zudecken und bei starker Hitze zum Kochen bringen. Hitze reduzieren und 10 Minuten köcheln lassen. Saft extrahieren.

b) Gelee zu machen. Saft in einen Wasserkocher abmessen. Zucker einrühren. Auf hoher Hitze erhitzen und unter ständigem Rühren schnell zu einem vollen, rollenden Kochen bringen, das nicht heruntergerührt werden kann.

c) Pektin hinzufügen; wieder zum vollen, rollenden Kochen bringen. 1 Minute hart kochen.

d) Vom Herd nehmen; Schaum schnell abschöpfen. Gießen Sie Gelee sofort in heiße, sterile Einmachgläser bis zu $\frac{1}{4}$ Zoll von der Oberseite. Verschließen und 5 Minuten im kochenden Wasserbad verarbeiten.

Ergibt 7 oder 8 halbe Pint-Gläser.

98. Quittengelee ohne Pektinzusatz

Zutaten:

- 3 ¾ Tassen Quittensaft
- 1/3 Tasse Zitronensaft
- 3 Tassen Zucker

Richtungen:

a) Saft zubereiten. Wählen Sie einen Anteil von etwa einem Viertel der unterreifen Quitte und drei Viertel der vollreifen Früchte. Sortieren, waschen und entfernen Sie Stiele und Blütenenden; nicht parieren oder entkernen. Quitte sehr dünn aufschneiden oder in kleine Stücke schneiden.

b) Wasser hinzufügen, zudecken und bei starker Hitze zum Kochen bringen. Hitze reduzieren und 25 Minuten köcheln lassen. Saft extrahieren.

c) Gelee zu machen. Quittensaft in einen Wasserkocher abmessen. Zitronensaft und Zucker hinzufügen. Gut umrühren. Bei starker Hitze auf 8 ° F über dem

Siedepunkt von Wasser kochen oder bis die Geleemischung aus einem Löffel ein Blatt bildet.

d) Vom Herd nehmen; Schaum schnell abschöpfen. Gießen Sie Gelee sofort in heiße, sterile Einmachgläser bis zu $\frac{1}{4}$ Zoll von der Oberseite. Verschließen und 5 Minuten in einem kochenden Wasserbad verarbeiten.

Ergibt ungefähr vier 8-Unzen-Gläser.

99. Erdbeermarmelade mit Pektinpulver

Zutaten:

- 5 ½ Tassen zerdrückte Erdbeeren
- 1 Packung Pektinpulver
- 8 Tassen Zucker

Richtungen:

a) Obst zubereiten. Vollreife Erdbeeren sortieren und waschen; Stiele und Kappen entfernen. Beeren zerquetschen.

b) Marmelade zu machen. Miss zerkleinerte Erdbeeren in einen Wasserkocher. Pektin hinzufügen und gut umrühren. Auf hoher Hitze erhitzen und unter ständigem Rühren schnell mit Blasen auf der gesamten Oberfläche zum Kochen bringen.

c) Fügen Sie Zucker hinzu, rühren Sie weiter und erhitzen Sie es erneut bis zu einem vollen, sprudelnden Kochen. 1 Minute unter ständigem Rühren hart kochen. Von der Hitze nehmen; überfliegen.

d) Sofort in heiße, sterile Einmachgläser bis $\frac{1}{4}$ Zoll von oben gießen. Verschließen und 5 Minuten im kochenden Wasserbad verarbeiten.

Ergibt 9 oder 10 halbe Pint-Gläser.

100. Tutti-Frutti-Marmelade

Zutaten:

- 3 Tassen gehackte oder gemahlene Birnen
- 1 große Orange
- ¾ Tasse abgetropfte zerdrückte Ananas
- ¼ Tasse gehackte Maraschino-Kirschen
- ¼ Tasse Zitronensaft
- 1 Packung Pektinpulver
- 5 Tassen Zucker

Richtungen:

a) Obst zubereiten. Reife Birnen sortieren und waschen; Pare und Kern. Die Birnen hacken oder mahlen. Orange schälen, Kerne entfernen und das Fruchtfleisch hacken oder mahlen.

b) Marmelade zu machen. Gehackte Birnen in einen Wasserkocher geben. Orange, Ananas, Kirschen und Zitronensaft hinzufügen. Pektin einrühren.

c) Auf hoher Hitze erhitzen und unter ständigem Rühren schnell mit Bläschen auf der gesamten Oberfläche zum Kochen bringen.

d) Fügen Sie Zucker hinzu, rühren Sie weiter und erhitzen Sie es erneut, bis es sprudelt. 1 Minute unter ständigem Rühren hart kochen. Von der Hitze nehmen; überfliegen.

e) Sofort in heiße, sterile Einmachgläser bis $\frac{1}{4}$ Zoll von oben gießen. Verschließen und 5 Minuten im kochenden Wasserbad verarbeiten.

Ergibt 6 oder 7 halbe Pint-Gläser.

FAZIT

Dieses Kochbuch enthält viele neue forschungsbasierte Empfehlungen für sicherere und qualitativ hochwertigere Lebensmittel zu Hause. Es ist ein Buch von unschätzbarem Wert für Personen, die zum ersten Mal Lebensmittel in Dosen zubereiten. Erfahrene Konservenhersteller finden aktualisierte Informationen, die ihnen helfen, ihre Konservenpraktiken zu verbessern.

www.ingramcontent.com/pod-product-compliance
Lightning Source LLC
Chambersburg PA
CBHW071803080526
44589CB00012B/671